★

ELEMENTARY
MODERN ARMENIAN
GRAMMAR

★

HIPPOCRENE LANGUAGE STUDIES

ELEMENTARY MODERN ARMENIAN GRAMMAR

KEVORK H. GULIAN

HIPPOCRENE BOOKS
New York

First Hippocrene Edition. 1990

For information, address: Hippocrene Books, Inc., 171 Madison Avenue, New York, NY 10016

ISBN 0-87052-811-4 (pbk.)

Printed in the United States by Hippocrene Books, Inc.

Gulian's *Armenian Grammar* has always been considered a little masterpiece that combines compactness with a sufficiently exhaustive treatment of that fascinating language. It still is probably the best book for the study of Armenian in the English language. Apart from numerous exercises, it also contains well-chosen reading material from Armenian poets and prose writers, as well as conversations and several glossaries. The original edition, long since exhausted, should have been reprinted long ago.

Contents.

Appendix.

I have begun, and am proceeding in the study of the Armenian language . . .

It is a rich language, and would amply repay any one the trouble of learning it.

Lord Byron.

Armenian Writing Alphabet.

Forms	Names	Pronunciation	Forms	Names	Pronunciation
Աա	aïp	a in f*a*ther	Մմ	men	m
Բբ	pen	p	Յյ	he	h or y
Գգ	kim	k	Նն	noo	n
Դդ	tah	t	Շշ	shah	sh
Եե	yetch	ye in yes	Ոո	vo	vo or o
Զզ	zah	z	Չչ	chah	ch in *ch*arm
Էէ	a	a in f*a*t	Պպ	bay	b
Ըը	yet	u in *us*	Ջջ	chay	ch in *ch*arm
Թթ	toh	t	Ռռ	rrah	r Scotch
Ժժ	zhay	s in mea*s*ure	Սս	say	s
Իի	inni	e in m*e*	Վվ	vev	v
Լլ	lune	l	Տտ	dune	d
Խխ	khay	ch German	Րր	ray	r
Ծծ	dzah	dz	Ցց	tso	ts
Կկ	ghen	g hard	Ււ	hune	u or v
Հհ	ho	h	Փփ	pure	p
Ձձ	tsah	ts	Քք	kay	k
Ղղ	ghad	γ Greek	Օօ	o	o
Ճճ	jay	j	Ֆֆ	fay	f

և is a contraction for եւ.

Alphabet.

The Armenian alphabet consists of 38 letters, viz.

Capitals	Text	Name	Proper sound
Ա	ա	aïp as in *ripe*	a as in *far*
Բ	բ	pen	p
Գ	գ	kim	k
Դ	դ	tah	t
Ե	ե	yech	y as in *yet*
Զ	զ	zah	z
Է	է	a	e as in *met*
Ը	ը	yet	u as in *us*
Թ	թ	to	t
Ժ	ժ	zhay	s as is *measure*
Ի	ի	ini	i as in *fin*
Լ	լ	lune	l
Խ	խ	kh	kh guttural; Greek χ
Ծ	ծ	dzah	dz
Կ	կ	ghen	g hard
Հ	հ	ho	h
Ձ	ձ	tsah	ts
Ղ	ղ	ghad	gh guttural; Greek γ
Ճ	ճ	jay	j
Մ	մ	men	m
Յ	յ	he	h or y
Ն	ն	noo	n
Շ	շ	shah	sh
Ո	ո	vo	vo or o

Capitals	Text	Name	Proper sound
Չ	չ	chah	ch as in *church*
Պ	պ	bay	b
Ջ	ջ	chay	ch as in *church*
Ռ	ռ	rrah	r Scotch
Ս	ս	say	s
Վ	վ	vev	v
Տ	տ	dune	d
Ր	ր	ray	r
Ց	ց	tso	ts
Ւ	ւ	hune	u or v
Փ	փ	pure	p
Ք	ք	kay	k
Օ	օ	o	o
Ֆ	ֆ	fay	f

The original alphabet consisted of 36 letters, Օ and Ֆ were added during the twelfth century.

և is a contraction for եւ (yev).

Of the above letters ա, ե, է, ը, ի, ո, ւ and օ are vowels, the rest are consonants.

Աւ, այ, եա, եօ, եւ, իւ, ու and ոյ are *compound vowels*.

իա, իէ, իո, իօ, իու, ուի, ուէ, ուա, ուո, էո, էու and էի are *diphthongs*.

Pronunciation.

Ե, when it begins a word and is followed by a consonant, is pronounced like *ye* in *yet*, as ես I; elsewhere followed by a consonant it is like *e* in *met*, as հեր hair; followed by a vowel it is simply *y*, as կեանք *gyank* life.

It is not used at the end of words.

Խ, *x* Greek and Ղ, *γ* Greek are deep gutturals, and the pronunciation of them must be acquired through the ear.

Յ is *h* at the beginning of words, as Յակոբ Jacob; elsewhere it is *y*, as հայր *hire* father, այո *ayo* yes; this letter retains the sound of *h* in compound words in which the latter part is a word beginning with յ, as լիայոյս *li-a-hooys* hopeful, compounded of լի *full* and յոյս *hope*. At the end of words it is silent, as սատանայ *sadanah* Satan, մեքենայ *mekenah* machine. The following nine words are the exceptions to this rule: ա՜յ O!, բայ verb, թէյ tea, խոյ ram, Հայ Armenian, ճայ jay, պայ fairy, վա՜յ wo! and նայ liquid (letter).

Ո is *vo* at the beginning of words, as որդի *vorti* son, except when followed by վ, as ո՞վ *ov* who?; elsewhere it is *o*, as կով *gov* cow, նոր *nor* new.

Ու is *oo*, as ուլ *ool* kid, տուն *doon* house; but it is pronounced *v* before a vowel, as Աստուած *asdvadz* God.

Ոյ is simply *o* at the end of words, as Նոյ *no* Noah, երեկոյ *yerego* evening; but in the middle of a word it becomes *ooy*, as լոյս *looys* light, քոյր *kooyr* sister.

Իւ is *eev* before a vowel or at the end of a word, as թիւ *teev* number, դիւահար *teevahar* possessed of devils; elsewhere it is *u* French, as ձիւն *tsune* snow. In any other combination, ւ is *v*, as հաւ *hav* hen, նաւատորմ *navadorm* navy.

The remaining letters are uniform in their pronunciation, and need no remark.

When two or more consonants come together without a vowel, they are pronounced as if written with ը, as Մկրտիչ Baptist is pronounced մըկըրտիչ. In the case of primitive words commencing with one of the sibilants զ, շ, ս preceded by only one consonant, this euphonic ը is generally pronounced as if written before the sibilant, as զգաստ sober, շտապ haste, ստակ money, pronounced as if written ըզգաստ, ըշտապ and ըստակ.

Tonic Accent.

The tonic accent in Armenian stands on the last syllable, whether the word be primitive or derivative, except when the word end in ը; in this case the tonic accent is thrown back on the penultimate, as դանա՛կը the knife, լրագի՛րը the news-paper.

Punctuation.

The pauses used in Armenian are three, viz.

Comma (,), Colon (·), Period (:).

The note of interrogation (˚) is placed over the accented vowel of the principal word in the question. Accordingly in the question, *Have you an orange?* the interrogation point may be placed over any one of the words of which it is composed in Armenian; thus, Դուք նարինջ մը ունի՞ք, *Have* you an orange? Դուք նարի՞նջ մը ունիք, Have you an *orange?* Դո՞ւք նարինջ մը ունիք, Have *you* an orange?

The exclamation point (˜) in like manner, is placed over the accented syllable of interjections, or of other words used as exclamations, or uttered with emotion, as աւա՜ղ alas! Սիրո՜ւն Աւբուռն Sweet Auburn! Լո՜յս, կեա՜նք, light! life!

Sentences, which contain a mark of interrogation or exclamation, have still their appropriate pauses at the close, in the same way as other sentences.

The hyphen (—) is placed at the end of a line, where a word is incomplete.

The acute accent (ʹ), though it is placed upon the tone syllable of words, has for its object to mark rather *emphasis* than accent.

The grave accent (ʻ) indicates a brief suspension of the voice. It is placed after words, and is in effect of a pause shorter than a comma.

The remaining signs of punctuation being the same as in English, need no further explanation.

First Lesson.

Indefinite Article.

The indefinite article *a*, *an* is expressed in Armenian by մը or մըն, and uniformly follows the noun to which it belongs.

The մը becomes մըն when followed by ալ too, also, եմ I am, ես thou art, է he, she or it is, ենք we are, էք you are, են they are; էի I was, էիր thou wast, էր he was, էինք we were, էիք you were, էին they were.

Words.[1]

վարդ մը a rose.
կատու մը a cat.
ձի մը a horse.
էշ մը an ass.
եզ մը an ox.
շուն մը a dog.
Sing. (*ես*)[2] *ունիմ* I have.
(*դուն*) *ունիս* thou hast.
(*ան*) *ունի* he, she or it has.

գիրք մը a book.
գրիչ մը a pen.
մատիտ մը a pencil.
դգալ մը a spoon.
այո՛ yes. *ո՛չ* no.
տէր sir. *եւ*, *ու* and.
Plur. (*մենք*) *ունինք* we have.
(*դուք*) *ունիք* you have.
(*անոնք*) *ունին* they have.

Exercise 1.

Վարդ մը ունիմ։ Շուն մը ունիս։ Կով մը ունի։ Ձի մը եւ էշ մը ունինք։ Դանակ մը ունիք։ Եզ մը ունին։ Գիրք մը ունի՞ս։ Ո՛չ, գրիչ մը ունիմ։ Ձի մը ունի՞ք։ Այո՛, Տէր, էշ մըն ալ ունինք։ Դգա՞լ մը ունի։ Ո՛չ, դանակ մը ունի։ Գրիչ մը ունի՞ն։ Այո՛, մատիտ մըն ալ ունին։ Տուն մըն է։

Translation 2.

I have a pen. We have a dog. They have a book. Have you an ass? No, Sir, I have a horse. Has he an ox? Yes, he has also a cow. She has a rose. They have a cat. Thou hast an orange. It is a hen. It was a machine. You have a son.

Second Lesson.

Definite Article.[3]

The definite form of nouns is produced by adding *ը* to the simple form when the latter ends with a consonant, and *ն* when it ends with a vowel, as:

դուռ door. *դուռը* the door.
բանալի key. *բանալին* the key.

---

[1]) These words as well as those contained in the preceding rules must be thoroughly committed to memory, before doing the exercises and translations.

[2]) Observe that a *paranthesis* (...) encloses a word to be translated or an annotation, whereas *brackets* [...] signify 'leave out'.

[3]) The *article* should be repeated after each substantive of a sentence. For the *partitive sense* see the 4th lesson.

Nouns ending in silent յ drop that letter in their definite form, which is formed by adding ն, as:

տղայ boy. տղան the boy.
ակռայ tooth. ակռան the tooth.

The ն is added also to nouns followed by ու and, ալ also, too, անգամ even, իսկ too; եմ I am, ես thou art, է he is, ենք we are, էք you are, են they are; էի I was, էիր thou wast, էր he was, էինք we were, էիք you were, էին they were.

Words.

հայրը the father.	սեւ (sev) black.[1]
մայրը the mother.	ճերմակ white.
եղբայրը the brother.	բարի good.
դուստրը the daughter.	աղէկ well, good.
գինին the wine.	գէշ bad.
քահանան the priest.	չար naughty, bad.

Exercise 3.

Հայրը ձի մը ունի։ Քահանան գիրք մը ունի։ Մայրը բարի որդի մը ունի։ Եզն ու կովը ճերմակ են։ Գրիչն ու մատիտը աղէկ են։ Գիրքն ալ աղէկ է։ Գինին կարմիր (red) էր։ Քոյրն ու եղբայրը չար են։ Շունը սեւ է։ Այո՛, շունն ու կատուն սեւ են։ Տղան բարի է։

Translation 4.

The mother has a good daughter. Have they a red rose? Yes, Sir, they have also a white rose. Is the daughter beautiful? Even the mother is beautiful (գեղեցիկ). The door and (the) key are bad. The son has a knife and (a) spoon. It is the orange.

Third Lesson.

Plural of Nouns.

The plural is regularly formed by adding to monosyllables եր, to words more than one syllable ներ, as:

[1]) Adjectives, as in English, are undeclined, except when used as substantives. This part of speech is fully treated in Lesson 22.

Sing. այտ cheek.	*Plur.* այտեր cheeks.
քիթ nose.	քիթեր noses.
ականջ ear.	ականջներ ears.
աղջիկ girl.	աղջիկներ girls.

Nouns ending in silent յ drop that letter in the plural, as:

շուկայ market.	շուկաներ markets.
Քրիստոնեայ Christian.	Քրիստոնեաներ Christians.

Compound words in which the latter part is monosyllable, form their plurals by adding եր, as:

շոգենաւ steam-ship.	շոգենաւեր steam-ships.
դպրատուն school-house.	դպրատուներ school-houses.

Words (բառեր).

գլուխը the head.	սիրուն pretty.
աչքը the eye.	տգեղ ugly.
աշակերտը the pupil.	ջանասէր diligent.
ուսանողը the student.	ծոյլ lazy, idle.
ուսուցիչը the teacher.	գորշ grey.
խնձորը the apple.	դեղին yellow.
գրատետրը the writing-book.	թուխ brown.
մարդը the man.	բայց but. ի՞նչ what?

Exercise 5.

Ի՞նչ ունիք։ Ես կարմիր խնձորները ունիմ։ Աշակերտները ի՞նչ ունին։ Անոնք գիրքերը, գրիչները եւ գրատետրերը ունին։ Աղջիկը ճերմակ ակռաներ, կարմիր այտեր եւ թուխ աչքեր ունի։ Խնձորները կարմիր են, բայց նարինջները դեղին են։ Վարդերն ալ կարմի՞ր էին։ Ո՛չ, անոնք ճերմակ էին։ Շոգենաւերը մեքենաներ ունին։ Ուսանողները ծո՞յլ են։ Ո՛չ, անոնք ջանասէր են։

Translation 6.

The teachers have many (շատ) school-houses. The doors have many keys. The sister has pretty eyes and white teeth. Have you the horses? No, Sir, I have the asses and (the) cows. What have the teachers? They have the diligent students. Asses have big (խոշոր) ears. The mothers are ugly, but the daughters are pretty.

Fourth Lesson.

The partitive Sense.

The idea conveyed by *some* or *any* before a noun employed in the partitive sense, is expressed in Armenian by the *mere* word, without any article, both in the singular and plural. Ex:

Sing. հաց bread or some bread.
կարագ (some) butter.
ոսկի gold.
արծաթ silver.
մելան (some) ink.

Plur. ծաղիկներ flowers.
այծեր goats.
ոչխարներ sheep.
հաւկիթներ eggs.
խոզեր pigs.

This form (without article) is also employed after nouns importing *measure, quantity* and *weight*; nor is the English prepositon *of* then translated in Armenian. Ex.:

գաւաթ մը սուրճ a cup of coffee.
շիշ մը գինի a bottle of wine.
պատառ մը հաց a slice of bread.

քաշ մը կեռաս a pound of cherries.
զոյգ մը կօշիկ a pair of shoes.
երկոտասնեակ մը գրիչ a dozen of pens.

Sing. (ես) ունէի I had.
(դուն) ունէիր thou hadst.
(ան) ունէր he had.

Plur. (մենք) ունէինք we had.
(դուք) ունէիք you had.
(անոնք) ունէին they had.

Words.

պանիր cheese.
միս meat.
ջուր water.
կաթ milk.
շաքար sugar.
աղ salt.
պղպեղ pepper.
կտոր piece, bit.

գուլպայ stocking.
ձեռնոց glove.
բաժակ glass, cup.
քացախ vinegar.
կ'ուզէ՞ք { will you have? do you wish?
կ'ուզեմ { I will have. I wish.

Exercise 7.

Ես հաց եւ կարագ ունէի։ Անոնք ոսկի եւ արծաթ ունէին։ Ի՞նչ կ'ուզէք։ Շիշ մը մելան եւ երկոտասնեակ մը մատիտ կ՚ուզեմ։ Գաւաթ մը թէյ ունի՞ք։ Ո՛չ, Տէր, գաւաթ մը սուրճ ունիմ։ Ան պատառ մը հաց եւ կտոր մը պանիր ունէր։ Աղջիկը զոյգ մը գուլպայ ունի։ Գինի կ՚ուզէ՞ք։ Այո՛, շիշ մը գինի եւ կտոր մը միս կ՚ուզեմ։ Մայրը քաշ մը խնձոր ունէր։

Translation 8.

What has the daughter? She has a pair of gloves. Who (ո՞վ ov) has [some] sugar? We have [some] sugar and milk. Will you have a glass of water? No, I will have a glass of wine and a slice of cheese. The teacher has a pair of shoes. The fathers have pigs and goats. The brothers had a dozen eggs. Who has many flowers? The man has a pound of cherries.

Fifth Lesson.

Declension of Nouns.

There are in Armenian six cases:

the Nominative	Ուղղական.
the Accusative	Հայցական.
the Genitive	Սեռական.
the Dative	Տրական.
the Ablative	Բացառական.
the Instrumental	Գործիական.

These cases present only *four* distinct forms, the Accusative being (in nouns though not in pronouns) the same with the Nominative, and the Dative with the Genitive, both in singular and plural, and in order to distinguish them in the sentence, we must ask the following questions:

for	the	Nominative	'who'? or 'what'?
"	"	Accusative	'whom'? or 'what'?
"	"	Genitive	'whose'?, 'of whom'? or 'of which'?
"	"	Dative	'to whom'? or 'to which'?
"	"	Ablative	'from whom'? or 'from which'?
"	"	Instrumental	'with whom'? or 'with what'?

There are *six regular declensions*, the first of which presents the most usual mode and comprises the greatest number of nouns.

First Declension.

a) without article (monosyllable).

	Singular.	*Plural.*
Nom. and Acc.	վարդ rose.	վարդեր roses.
Gen. and Dat.	վարդի of or to rose.	վարդերու of or to roses.
Abl.	վարդէ from rose.	վարդերէ from roses.
Inst.	վարդով with rose.	վարդերով with roses.

b) with the definite article[1]) (polysyllable).

Nom. and Acc.	աթոռը the chair.	աթոռները the chairs.
Gen. and Dat.	աթոռին of or to the chair.	աթոռներուն of or to the chairs.
Abl.	աթոռէն from the chair	աթոռներէն from the chairs.
Inst.	աթոռովը with the chair.	աթոռներովը with the chairs.

Remarks.

1. Nouns ending in ա preceded by a consonant add յ in the oblique cases of the singular. Ex.:

Nom. and Acc.	կլիմա climate	Abl.	կլիմայէ.
" " "	Սինա Sinai.	"	Սինայէ.
Gen. and Dat.	կլիմայի.	Inst.	կլիմայով.
" " "	Սինայի.	"	Սինայով.

2. The possessor must in Armenian precede the object possessed, and the article is to be added to both. Ex.: Թագաւորին գահը the king's throne. Իշխանին որդին the prince's son, աթոռներուն ոտքերը the chairs' feet.

Words.

ծառը the tree.
տերեւը the leaf.
բարեկամը the friend.
թռչունը the bird.
վանդակը the cage.
խանութը the shop.
ճիւղը the branch.
պատուհանը the window.
վարագոյրը the curtain.
սուրը the sword.
պատեանը the sheath.
պարտէզը the garden.
նոր new. պալատ palace.
ծեր, հին, old. տուր give (thou).

---

[1]) For the indefinite article see the 1st lesson.

Exercise 9.

Բարեկամին հայրը ծեր է։ Աշակերտին մելանը սեւ է։ Սուրերուն պատեանները։ Թռչունին վանդակէն։ Շուկային խանութներէն։ Ուսանողին մատիտովը։ Իշխանին պալատները նոր էին։ Ի՞նչ կ'ուզէք։ Կարմիր վարդին տերեւները կ'ուզեմ։ Պարտէզին ծաղիկներուն (Dat.)։ Թուղթով եւ մելանով։ Պատուհանին վարագոյրը հին է։ Բաժակ մը ջուր տո՛ւր ծեր բարեկամին։

Translation 10.

The king's palace is new. The prince's daughter has a pair of white gloves. From the branches of the trees. With the machines. Give the eggs to the teachers. Give a cup of milk to the friend. The pupil's father has a black dog. They have a dozen bottles. From the curtains of the windows. She had the bird's cage. With the soldier's (զինուոր-zinvor) sword.

Sixth Lesson.

Second Declension.

This declension includes the nouns, excepting the monosyllables, ending in ի, which make the Gen. and Dat. singular[1]) in ւոյ *vo*. Ex.:

Singular.

	a) without article.	*b) with the definite article.*
Nom. and Acc.	եկեղեցի church.	որդին the son.
Gen. and Dat.	եկեղեցւոյ of or to church.	որդւոյն[2]) of or to the son.
Abl.	եկեղեցիէ from church.	որդիէն from the son.
Inst.	եկեղեցիով with church.	որդիովը with the son.

Words.

սրբատեղի sanctuary. ձիթենի olive-tree.
դրացի neighbour. արմաւենի date-tree.
հոգի soul. Անգլիացի Englishman.

[1]) In the other cases of the singular and throughout the plural, they are uniform with the 1st declension.

[2]) See the pronunciation of ոյ։

այգի vineyard.	մատանի ring.
կղզի island.	ոստ limb.
կենդանի animal.	խաղող grape.
աղաւնի pigeon.	բնակիչ inhabitant.
փրկութիւն salvation.	տէր lord, owner.
գոյն colour. բոյն nest.	պտուղ fruit.
զանգակատուն belfry.	բարձր (. . . ձրր) high.

Exercise 11.

Եկեղեցւոյն զանգակատունը բարձր է։ Սրբատեղւոյն վարագոյրները գեղեցիկ են։ Ոսկւոյն գոյնը դեղին է։ Կենդանւոյն ոտքերը կարճ (short) էին։ Դրացւոյն դուստրը ծոյլ էր։ Հոգւոյն փրկութիւնը։ Աղաւնւոյն բոյնը նոր է։ Որդւոյն բարեկամը թռչուն մը եւ վանդակ մը ունէր։ Ի՞նչ կ՚ուզէք։ Արմաւենւոյն ոստը եւ ձիթենւոյն պտուղը կ՚ուզեմ։

Translation 12.

The lord of the vineyard was a good man. The son's teacher had a pretty rose. Give [some] grass (խոտ) to the animal. The inhabitants of the island were rich (հարուստ). What will you have? I will have the keys of the church. The neighbour's house was new. The horses of the Englishman were brown. The owner of the ring is a rich man.

Seventh Lesson.

Postpositions.

Only a few *prepositions* are retained from the Ancient and used in the Modern Armenian; the rest are *postpositions,* since they uniformly follow the nouns or pronouns which they govern.

a) Postpositions governing the *genitive*:

առջեւ before.	դուռին առջեւ *before* the door.
ետեւ behind.	տունին ետեւ *behind* the house.
դէմ against.	աշակերտին դէմ *against* the pupil.
մէջ in.	սենեակին մէջ *in* the room.
մէջտեղ, միջեւ } between.	գետին եւ քաղաքին միջեւ *between* the river and the town.
	թուխի եւ սեւի մէջտեղ *between* brown and black.

վրայ on, upon. *գրասեղանին վրայ* *on* the desk.
տակ under. *սեղանին տակ* *under* the table.
քով { near. *բլուրին քով* *near* the hill.
{ beside. *հանդարտ ջուրերուն քով* *beside* the still waters.
տեղ instead of. *որդւոյն տեղը* *instead of* the son.
շուրջ round, a—. *պարտէզին շուրջը* *round* the garden.

b) Postpositions with the *dative*:

առանց (prep.) without. *առանց բարեկամի մը* *without* a friend.
համար for. *ուսանողին համար* *for* the student.
հետ with. *դրացւոյն հետ* *with* the neighbour.
մօտ near. *գիւղին մօտ* *near* the village.
պէս like, as. *վարդի պէս* *like* a rose. *ծառի պէս* as a tree.

c) Postpositions with the *ablative*:

զատ or *ի զատ* besides. *ձիերէն ի զատ* *besides* the horses.
դուրս out of. *քաղաքէն դուրս* *out* of the city.
հեռու far from. *տունէն հեռու* *far from* home.

d) Postpositions with the *accusative*:

դէպ ի (prep.) towards. *դէպ ի ծովը* *towards* the sea.
ի վար down. *գետն ի վար* *down* the river.
ի վեր up. *լեռն ի վեր* up the mountain.

Remark.

Where the prepositions *in*, *at*, *to* or *into* are used in English, we employ very often a simple accusative, especially with verbs indicating a state of rest or denoting a direction or motion from one place to another. Ex.:

քահանան եկեղեցին է the priest is *in* the church.
աղջիկը պատուհանն է the girl is *at* the window.
տղան դպրոց կ'երթայ the boy goes *to* school.
մարդը ջուրը ինկաւ the man fell *into* the water.
ուսուցիչը Լոնտոն կը բնակի the teacher lives *in* London.
ծառէ ծառ from tree *to* tree.

Words.

կայ there is.
կան there are.
կար there was.
կային there were.
ձուկը the fish (sing.).
կաղամարը the inkstand.
պատը the wall.
կամուրջը the bridge.

Exercise 13.

Թռչուն մը կայ վանդակին մէջ։ Դանակ մը կայ սեղանին տակ։ Բոյնը ծառին վրայ է։ Այգիները գիւղին մօտ էին։ Պատ մը կար պարտէզին շուրջ։ Քաղաքին եւ լեռին մէջտեղ գետ մը կար։ Նոր Եօրքի եւ Պրուքլինի միջեւ հոյակապ (grand) կամուրջ մը կայ։ Մարդը դրացւոյն հետ այգին (to) կ'երթայ։ Նաւաստին (sailor) ծովը ինկաւ։ Մատանին Անկլիացւոյն համար է։ Սատան (Satan) ին դէմ։ Փառք (glory) ի լեռն ի վեր։

Translation 14.

The mother was [at] the window. There was a dish of meat upon the table. The bird's nest is on the tree. The ship goes down the river. There was [some] ink in the inkstand. The prince lives [in] Berlin (Պերլին). The preacher (քարոզիչը) goes [to] the church. He is far from home. She went (գնաց) out of the school-house without permission (հրաման). Besides the roses there was also a lily (շուշան).

Eighth Lesson.

Third Declension.

This declension contains a few nouns, chiefly monosyllables, which make the Gen. and Dat. singular[1]) in ու. Ex.:

Singular.

a) Without article.	*b) With the definite article.*
Nom. and Acc. ծով sea.	արեւը the sun.
Gen. and Dat. ծովու of or to sea.	արեւուն of or to the sun.
Abl. ծովէ from sea.	արեւէն from the sun.
Inst. ծովով with sea.	արեւովը with the sun.

Such are: Հայ Armenian. դաս class. ժամ hour. դար century. գահ throne. շահ gain. որթ calf. արջ bear. էշ ass. ձի horse. հաւ hen. նաւ ship. կով cow. հով wind. մահ death. մանչ lad, boy. պահ watch. դի corpse. թի shovel. սով famine.

1) See the footnote 1), 6th lesson.

The following four nouns elide in all other cases the vowel or compound vowel of the Nom. singular. Ex.:

Nom. and Acc.	գլուխ head.	Abl.	գլխէ.
" " "	ամիս month.	"	ամսէ.
" " "	շաբաթ week.	"	շաբթէ.
" " "	ճամբայ way.	"	ճամբէ.
Gen. and Dat.	գլխու.	Inst.	գլխով.
" " "	ամսու.	"	ամսով.
" " "	շաբթու.	"	շաբթով.
" " "	ճամբու.	"	ճամբով.

Words.

կայմ mast.
թամբ saddle.
թոժիւն cub.
պոչ tail. օր day.
վառեակ chicken.
վայրկեան minute.
բարձր tall, high.
երկայն long. կարճ short.
պայծառ bright.
վերջին last.
խոշոր big.
տարի year.

Exercise 15.

Արեւուն լոյսը պայծառ է։ Հայուն աչքերը սեւ են։ Էշուն ականջները խոշոր են։ Նաւուն կայմը բարձր էր։ Ձիուն թամբը հին է։ Ամսուն շաբաթները, շաբթուն օրերը, օրերուն ժամերը եւ ժամուն վայրկեանները։ Ճամբուն վրայ հարուստ մարդ մը կար։ Գլխուն տակ։ Դարուն վերջին տարին է։ Արջուն թոժիւնը տգեղ է։ Որթուն պոչը կարճ էր։ Շոգենաւը հովուն դէմ ալ կ'երթայ։

Translation 16.

Give the lily to the lad. I like (կը սիրեմ) the cow's milk. In the first (առաջին) watch. Around the bright throne. The waves (ալիք) of the sea. Without gain. For the death of the friend. The chickens were near the old hen. With the helve of the shovel. The years of famine. The pupil is the last in the class. The first day of the week. Out of the way.

Ninth Lesson.

Law of Permutation and Elision.

It is a peculiarity of the Armenian language that when a syllable is added to a word ending in a consonant, the vowel of the *last* syllable is either permuted or elided.

All words undergo these changes through *conjugation*, *composition* and *derivation*; as to *declension*, there are only a few nouns which are liable to the same changes in the Gen. and Inst. singular, with certain exceptions[1]) however.

These vowels or compound vowels are: **է**, **ի**, **ու**, **ոյ**, **եա**, **իւ** and **եայ**.

1. **է** changes into **ի**, as:

սէր love; **սիրել** to love; **սիրերգ** lovesong; **սիրելի** dear. **պարտէզ** garden; **պարտիզպան** gardener.

2. **ի** and **ու** *a)* are elided in polysyllabic words, as:

ծաղիկ flower; **ծաղկիլ** to flower; **ծաղկոց** flower-garden. **պտուղ** fruit; **պտղաբերել** to fructify; **պտղաւէտ** fruitful.

b) are changed into euphonic **ը** in polysyllables, when preceded or followed by *two* consonants, and in monosyllables, as:

կարմիր red; **կարմրիլ** to redden; **կարմրալանջ** redbreast.

հանգիստ rest; **հանգստանալ** to rest; **հանգստարան** resting-place.

գիր writing; **գրել** to write; **գրող** writer; **գրատուն** library.

ջուր water; **ջրել** to water; **ջրհաւ** waterfowl.

3. **ոյ** changes into **ու**, as:

յոյս hope; **յուսալ** to hope; **յուսալից** hopeful.

ողջոյն salutation; **ողջունել** to salute.

4. **եա** changes into **է**, as:

մատեան book; **մատենադարան** bookcase.

սենեակ chamber; **սենեկապետ** chamberlain.

5. **իւ** (eev), at the end of words, changes into **ու**[2]) as:

պատիւ honour; **պատուել** to honour; **պատուարժան** honourable.

թիւ number; **թուել** to number; **թուական** date.

6. **եայ** changes into **է**, as:

Քրիստոնեայ Christian; **Քրիստոնէութիւն** Christianity.

պաշտօնեայ minister; **պաշտօնէութիւն** ministry.

---

[1]) The beginners will be assisted with practical hints.

[2]) For the pronunciation of **ու** see the 3. page.

Tenth Lesson.

Fourth Declension.

This declension includes the nouns denoting time which make the Gen. singular [1]) in *ուան* (pron. *վան*). Ex.:

N., Ac.	*օր* day, &c.	*գիշեր* night, &c.
Gen., Dat.	*օրուան*.	*գիշերուան*.
Abl.	*օրէ* or (rarely) *օրուընէ*.	*գիշերէ* or (rarely *գիշերուընէ*).
Inst.	*օրով*.	*գիշերով*.

ամառ summer; *ձմեռ* winter; *ցերեկ* day, -time; *կէսօր* noon; *կէսգիշեր* midnight; *այսօր* to-day; *ժամանակ*, *ատեն* time; *առտու* (*առտուան* - pron. *առտըվան*) morn; *առաւօտ* [2]) morning; *իրիկուն* evening; *ամիս* [2]) (*ամսուան*) month; *շաբաթ* [2]) (*շաբթուան*) week; *երէկ* yesterday; *վաղը* (*վաղուան*) to-morrow; *ժամ* [2]) hour; *մահ* [2]) death; *տարի* [3]) (*տարուան*) year.

Words.

գարուն spring.
աշուն autumn.
եղանակ season.
լուսին moon.
թագուհի queen.
զով cool.
խիստ very.
չորս four.
տրտում sad.
ինչո՞ւ why?

Exercise 17.

Լուսինը գիշերուան թագուհին է։ Արեւը ցերեկուան թագաւորն է։ Ամառուան օրերը կա՞րճ են։ Ո՛չ, ամառուան օրերն ու ձմեռուան գիշերները երկայն են։ Առտուան եւ իրիկուան ժամերը զով են։ Կէսօրուան դէմ։ Տարուան չորս եղանակներն են գարուն, ամառ, աշուն եւ ձմեռ։ Քարոզիչը ինչո՞ւ տրտում էր։ Նա տրտում էր իր (his) *դրացւոյն մահուան համար։ Երէկուան, այսօրուան ու վաղուան Տէրը* (Lord) *մեծ* (great) *է։*

Translation 18.

I have a dozen books. We had a glass of wine. The son of the queen has a gold ring. The daughter

[1]) See the footnote [1]), 6th lesson.
[2]) Declined also after the 3d declension.
[3]) Declined also after the 2d declension.

of the neighbour had a silver watch (ժամացոյց). The bird is on the roof (տանիքը). There was a bottle of water on the table. Where (ուր) are the fish? They are in the sea. Where are the girls? They are at the window of the church. Where are the books of the Armenian? They are upon his desk.

Eleventh Lesson.

Fifth Declension.

Nouns terminating in ում make the Gen. sing. in ան, the Inst. sing. in ամբ, and the Gen. plur. in անց. Ex.:

	Singular	*Plural.*
N., Acc.	խոստում promise, &c.	խոստումներ promises, &c.
G., Dat.	խոստման or խոստումի.	խոստմանց or խոստումներու.
Abl.	խոստումէ.	խոստումներէ.
Inst.	խոստմամբ or խոստումով.	խոստումներով.

Also a few nouns[1]) of different terminations make the Gen. Sing. in ան, as:

	Gen.		*Gen.*
աղջիկ girl.	աղջկան.	տուն house.	տան.
կնիկ wife, woman.	կնկան.	շուն dog.	շան.
էրիկ husband.	էրկան.	մանուկ child.	մանկան.
գարուն Spring.	գարնան.	անուն noun, name	անուան.
աշուն Autumn.	աշնան.	ձուկ fish.	ձկան.

Words.

հոլովում declension.
խոնարհում conjugation.
ուսում study.
կոչում calling.
յայտագիր program.
բայ verb. բակ yard.
հիացում admiration.
ընթացք course.
ձեւ form.
հաւատարիմ true, faithful.
դժուար difficult.
հարուստ rich.
աղքատ poor.
զուարթ (pron. զըվարթ) blithesome.

---

[1]) The է and ու in the last syllable of these words are subject to the *law of permutation*; see the 9th lesson.

Exercise 19.

Ուսմանց յայտագիրը։ Բայերուն խոնարհումը դժուա՞ր է։ Ո՛չ, բայց անուան հոլովմանց ձեւերը դժուար են։ Ո՞վ աղքատ է։ Աղջկանը հայրը աղքատ է։ Ո՞վ հարուստ է, Տէ՞ր։ Կնկանը էրիկը հարուստ է, բայց էրկանը կնիկը տգեղ է։ Ուսուցիչը հաւատարիմ էր իր կոչմանը։ Հիացմամբ։ Գարնան զուարթ եղանակը։ Աշնան տխուր (sad) օրերը։

Translation 20.

Where are you? I am [in] the yard of the old house. What will you have? I will have the rings of the girl. Give a bit of bread and a cup of milk to the poor child. There is a nest on the belfry. They had a long course of study. The doors of the school-house are old. The leaves of the flowers are yellow. The smile of the child. The tail of the black dog is long. The head of the fish (sing.).

Twelfth Lesson.

Sixth Declension.

Nouns terminating in ու-թիւ-ն are declined after the following paradigm.

Singular.

N., Acc. բարեկամու-թիւ-ն friendship, &c.
G., Dat. բարեկամութեան.
Abl. բարեկամութենէ.
Inst. բարեկամութեամբ or բարեկամութիւնով.

Plural.

N., Acc. բարեկամութիւններ friendhips, &c.
G., Dat. բարեկամութեանց or բարեկամութիւններու.
Abl. բարեկամութիւններէ.
Inst. բարեկամութիւններով.

Words.

պատմութիւն history.
նախադասութիւն sentence.
քերականութիւն grammar.
թուաբանութիւն arithmetic.
յաջողութիւն success.
թարգմանութիւն translation.

ծուլութիւն laziness, idleness.
գիտութիւն science.
համբերութիւն patience.
պարտականութիւն duty.
անկեղծութիւն sincerity.
մոլութիւն vice.
առաքինութիւն virtue.
իմաստութիւն wisdom.
երիտասարդ young man.
շահեկան interesting.
մեծ great, large.
բոլոր all. բայ verb.
մատենագրութիւն literature.
նախահայր forefather.

Exercise 21.

Ունայնութիւն ունայնութեանց: Պատմութեան ուսումը շահեկան է: Բարեկամութեանց անկեղծութենէն: Քերականութեան դասը դիւրին է: Շատ սխալներ կային ձեր (your) թարգմանութեանց մէջ: Իմաստութեամբ (wisely): Թուաբանութենէն զատ: Բոլոր մոլութեանց դէմ: Յաջողութեան համար: Բոլոր գիտութիւններէն: Սահակ եւ Մեսրոպ հայ մատենագրութեան նախահայրերն են:

Translation 22.

The young man is true to his duties. The study of sciences is very useful. There are many words in the translations of your grammar. The teacher's patience is very great. Patience is a great virtue. Without success. Idleness is the mother of all vices. The verb is the life of the sentence.

Thirteenth Lesson.

The Auxiliary Verb.

Եմ[1]) *I am.*

Indicative Mood (Սահմանական եղանակ).

Present Tense (Ներկայ ժամանակ).

Singular (Եզակի).	*Plural* (Յոգնակի).
ես[2]) եմ I am.	մենք ենք we are.
դուն ես thou art.	դուք էք you are.
ան է he, she or it is.	անոնք են they are.

[1]) This verb is strictly *defective,* its wanting tenses being supplied from ըլլալ to be, to become.

[2]) The Armenian verb does not always require the *personal pronouns* ես, դուն, ան etc., the persons being sufficiently marked by the *terminations* of the verb.

Imperfect (Անկատար).

Ես էի I was.	Մենք էինք we were.
Դուն էիր thou wast.	Դուք էիք you were.
Ան էր he, she or it was.	Անոնք էին they were.

Perfect[1]) (Կատարեալ).

Ես եղայ I was.	Մենք եղանք we. were.
Դուն եղար thou wast.	Դուք եղաք you. were.
Ան եղաւ he, she or it was.	Անոնք եղան they. were.

Future (Ապառնի).

Ես պիտի ըլլամ I shall be.	Մենք պիտի ըլլանք we shall be.
Դուն " ըլլաս thou wilt be.	Դուք " ըլլաք you will be.
Ան " ըլլայ he will be.	Անոնք " ըլլան they will be.

First Conditional (Թէական՝ Ապառնի).

Ես պիտի ըլլայի I should be.
Դուն " ըլլայիր thou wouldst be.
Ան " ըլլար he would be.
Մենք " ըլլայինք we should be.
Դուք " ըլլայիք you would be.
Անոնք " ըլլային they would be.

Imperative Mood (Հրամայական Եղանակ).

Թո՛ղ ըլլամ *let* me be.	ըլլա՛նք let us be.
եղի՛ր be.	եղի՛ք or եղէ՛ք be.
Թո՛ղ ըլլայ *let* him be.	Թո՛ղ ըլլան let them be.

Subjunctive Mood (Ստորադասական Եղանակ).

Present (Ներկայ).

Ես որ ըլլամ that I be.	Մենք որ ըլլանք that we be.
Դուն " ըլլաս " thou be.	Դուք " ըլլաք " you be.
Ան " ըլլայ " he be.	Անոնք " ըլլան " they be.

Imperfect (Անկատար).

Ես որ ըլլայի that I were.	Մենք որ ըլլայինք that we were.
Դուն " ըլլայիր " thou wert.	Դուք " ըլլայիք " you were.
Ան " ըլլար " he were.	Անոնք " ըլլային " they were.

[1]) This tense corresponds in sense with the French *passé* défini or the Italian *passato remoto;* in Armenian, the tense corresponding with the English *perfect* is called Յարակատար preter-perfect.

Participles (Ç҄ҭ҇-҃ᴸҭ҇-ᴪᴸᵗ-ᴸᴸᵗᵣ).

Present ᵗᵧᵑᵧ being.
Past ᵗᵧᵘᵟ been.
Future ᵣ҅ᴸᵘᴸᵘᴸ about to be.

Remarks.

1. The *compound tenses* are formed by combining the *Past Participle* of the principal verb with the auxiliary verb ᵗᵧ or ᵣ҅ᴸᴸᵘᴸ, as: ᵗᵧᵘᵟ ᵗᵧ I have been (liter. I am been); ᵗᵧᵘᵟ ᵗᵢ I had been (I was been); ᵗᵧᵘᵟ ᵘᵢᵘᵢ ᵣ҅ᴸᴸᵘᵟ I shall have been (I shall be been).

2. The *negative* of the auxiliary ᵗᵧ is formed by prefixing the letter ᵧ, as: ᵢᵗᵧ I am not; ᵢᵗ he, she or it is not; ᵘᵢᵘᵢ ᵢᵣ҅ᴸᴸᵘᴸᵖ we shall not be.

3. The *predicate adjective,* as in English, is always in the singular, as:

Uᵣᵗᵧᵖ ᵧᵘᵧᵟᵘᵘ ᵗ, The sun is *bright.*
Uᵘᵘᵑᵗᵣᵣ ᵟᵗᵣᵘᵘ ᵗᵧ, The stars are *distant.*

4. When in English, the *predicate noun* always agrees in number with the subject, it may sometimes be, in Armenian, put also in the singular, with nouns or pronouns implying plurality, as:

Uᵗᵧᵖ ᵗᵧᵗᵘᵧᵣ ᵗᵧᵖ, We are brethren (liter. brother).

Fourteenth Lesson.

Determinative Adjectives.

These words always take their place before a substantive and remain *undeclined.* They are divided into four classes: *demonstrative, possessive, numeral* and *indefinite* adjectives.

Demonstrative Adjectives.

These are:

ᵘᵢᵘ, ᵘᵘᵘ or ᵘᵘ this or these.
ᵘᵢᵩ or ᵘᵘᵘ that or those.
ᵘᵢᵗ or ᵘᵗ that or those (referring to an object more distant than ᵘᵢᵩ or ᵘᵘᵘ).
These adjectives precede the *definite form* of the noun. Ex.:

այս ածականը *this* adjective.
այդ գիրքը *that* book.
այն տիկինը *that* lady.
նոյն կատուն *the same* cat.
այս տանձերը *these* pears.
այդ խնձորները those apples.
այն գտակները those caps.
նոյն անձերը *the same* persons.

Words.

աստղ star.
դեղ medicine.
պալատ palace.
այտ cheek.
ազգ nation.
հիւանդանոց hospital.
երջանիկ happy.
ապերջանիկ unhappy.
թարմ fresh.
հասուն ripe.
ուրախ glad.
անօթի hungry.
ծարաւ or -ի thirsty.
յիշատակարան monument.
ծնողք parents.
դպրոց school.
գոհ contented.
դառն bitter.
ծանր heavy.
թանկագին precious.
պարզ simple.
հնազանդ obedient.
եթէ if. մետաղ metal.
անմահ immortal.
մահկանացու mortal.

Exercise 23.

Այս թագաւորը հարուստ է։ Այն թագուհին ալ հարուստ է։ Այդ աղջկան այտերը կարմիր են։ Ոսկին եւ արծաթը թանկագին մետաղներ են։ Աս տիկինները ուրախ եղան։ Նոյն իշխանը կը բնակի այս հոյակապ պալատին մէջ։ Ան շոգենաւուն կայմերը բարձր էին։ Ատ թագուհւոյն որդիները երջանիկ էին, բայց ապերջանիկ եղան։ Նոյն տխուր մարդը հոս պիտի ըլլար երէկ։ Եկեղեցիները, դպրոցները եւ հիւանդանոցները՝ ազգի մը յիշատակարաններն են։ Հնազանդ եղէք ձեր ծնողքներուն։ Մարմինը մահկանացու է, բայց հոգին անմահ է։

Translation 24.

This butter is fresh. That medicine was very bitter. These apples are ripe, but those pears are not ripe. That child will be good. Those girls were very idle. Give these flowers to the same ladies. The sun is bright. The stars are distant. Those mountains are not high. The forms of these adjectives are simple. Those young men would be contented. Are you hungry? No, I am not hungry, but I am thirsty. Be a good boy.

Fifteenth Lesson.

Irregular Declensions.[1]

	A.	B.
Singular. N., Acc.	հայր father, &c.	տալ sister-in-law (husband's sister).
G., D.	հօր.	տալոջ.
Abl.	հօրմէ.	տալոջմէ.
Inst.	հօրմով or հօրով.	տալոջմով.

	C.	D.
Singular. N., Acc.	սէր love, &c.	Աստուած[2]) God, &c.
G., D.	սիրոյ.	Աստուծոյ.
Abl.	սէրէ.	Աստուծմէ.
Inst.	սիրով.	Աստուծմով.

E.

	Singular.	*Plural.*
N., Acc.	տղայ boy, &c.	տղաք boys, &c.
G., D.	տղու.	տղոց.
Abl.	տղայէ.	տղոցմէ.
Inst.	տղայով.	տղոցմով.

F.

N., Acc.	մարդ man, &c.	մարդիկ men, &c.
G., D.	մարդու	մարդոց.
Abl.	մարդէ.	մարդոցմէ.
Inst.	մարդով.	մարդոցմով

A. Like Հայր are declined its derivatives; also մայր, and եղբայր and their derivatives.

B. In the the same manner as տալ are declined: կին[3]) (կնոջ) woman or wife; տիկին (տիկնոջ) lady; տէր[3]) (տիրոջ) lord, owner; քոյր[3]) (քրոջ) sister; կեսուր (կեսրոջ) mother-in-law (husband's mother); տագր brother-in-law (husband's brother); ներ sister-in-law (the wife of the husband's brother); աներ father-in-law (wife's father); ընկեր[3]) mate.

[1]) The irregularities are chiefly confined to the singular.
[2]) Աստուած when denoting *a god* follows the *first declension*.
[3]) Also its derivatives.

C. In the same manner as տէր are declined among a few others:

լոյս (լուսոյ) light; յոյս (յուսոյ) hope; հուր (հրոյ) fire.

Remark.

Excepting the irregular nouns, and those of the sixth regular declension, all nouns may also follow the *first declension* (the most usual paradigm); but for the sake of *euphony*, the learner is advised to decline every noun after the proper forms of its declension.

Words.

հօրեղբայր uncle (paternal).
հօրաքոյր aunt "
մօրեղբայր uncle (maternal).
մօրաքոյր aunt "
օրէնք law.
ճառագայթ ray.
հեշտադարան chest of drawers.
փեղոյր hat, bonnet.
վսեմ sublime.
անկեղծ sincere.
հիւանդ ill, sick.
հայելի looking-glass.
վերարկու coat.
թաշկինակ handkerchief.
շրջազգեստ gown.
գոգնոց apron.
գրպան pocket.
գլխարկ fez.
հոս here.
հոն there.
միշտ always. հիմա now.
կատարեալ perfect.

Exercise 25.

Աստուած սէր է։ Աստուծոյ օրէնքը կատարեալ է։ Հօրը խրատը բարի է։ Մօրը սէրը անկեղծ է։ Տալոջը որդին չար էր։ Ներոջը դուստրը հնազանդ չէր։ Միշտ Տիրոջը սիրոյն մէջ։ Այս կարմիր վարդերը այն տղոցը համար են։ Մօրաքրոջը փեղոյրը հեշտադարանին վրայ է։ Աներոջը գլխարկը կարմիր էր։ Կեսրոջը շրջազգեստը սեւ էր։ Այս հայելին ձեր քրոջը համար է։ Այն մարդոցը կօշիկները հոս էին։ Լուսոյ ճառագայթները պայծառ են միշտ։ Ան է աստուածներուն Աստուածը, տէրերուն Տէրը եւ բոլոր մարդոց հայրը։ Այդ կնոջ էրիկը հիւանդ էր։ Տղոցը ֆէսերը եւ աղջկանց փեղոյրները հոն էին։ Սիրով եւ յուսով։

Translation 26.

The lady's brother was [in] that palace. Where was the uncle's book? It was [in] the pocket of the father. These boys are diligent. Those men are idle.

The boys' mother will be here to-day. Lives of great men are sublime. This coat is for the brother, and that gown is for the sister. From the old aunt. That bitter medicine was for the sick brother-in-law. From the father of light. Give this handkerchief to the aunt. This boy goes to school with the class-mate (դասընկեր). I shall be [in] Amassia (Ամասիա) to-morrow.

Sixteenth Lesson.

Possessive Adjectives.

These are:

իմ or իմին my.	մեր or մերին our.
քու " քուկին thy.	ձեր " ձերին your.
իր " իրեն his, her or its.	իրենց their.

The *suffixes*[1]) ս, դ and ն or ը are appended to the nouns followed by these adjectives. Ex.:

իմ մատիտս *my* pencil.	մեր խանութը *our* shop.
քու հոլդ *thy* top.	ձեր տունը *your* house.
իր ասեղը *his* or *her* needle.	իրենց պարտէզը *their* garden.

The *suffixes* ս, դ and ն or ը; նիս, նիդ and նին; երնիս, երնիդ and երնին are usually substituted for these adjectives.

a) The ս, դ and ն or ը for the *singular*,[2]) as:

դգալս *my* spoon.	դգալներս *my* spoons.
պատառաքաղդ *thy* fork.	պատառաքաղներդ *thy* forks.
աւելը *his* or *her* broom.	աւելները *his* or *her* brooms.

b) The նիս, նիդ and նին for the *plural*[1]) of polysyllabic words, as:

քանակնիս *our* ruler.	քանակներնիս *our* rulers.
կաղամարնիդ *your* inkstand.	կաղամարներնիդ *your* inkstands.
ղմելինին (pron. ըղ . . .) *their* penknife.	ղմելիներնին *their* penknives.

[1]) An unaccented euphonic ը is inserted between the substantives ending in a consonant and the suffixes ս and դ, as: քսակս (= քսակըս), գրպանդ (= գրպանըդ).

[2]) Of the possessor, and not of the possessed object.

c) The երնիս, երնիդ and երնին for the *plural*[1]) of monosyllabic words, as:

կովերնիս our cow or cows,[1]) &c.

The *possessive adjectives* must be repeated before every noun of the same sentence, as:

Իմ հայրս եւ իմ մայրս or հայրս եւ մայրս հոս են.
My father and *my* mother are here.

Words.

քսակ purse.
ժամացոյց watch.
գաւազան stick.
նաւապետ captain.
դեղձանիկ canary-bird.
սխալ mistake.
անմահ immortal.
մահկանացու mortal.
հօրեղբօրորդի cousin.
եղբօրաղջիկ or քեռաղջիկ niece.
եղբօրորդի or քեռորդի nephew.
երկայնահասակ tall.

Exercise 27.

Իմ մայրս հոս է։ Քու քոյրդ երկայնահասակ է։ Մեր հօրեղբօրորդին հարուստ էր։ Ձեր մօրաքոյրն ու հօրաքոյրը աղքատ եղան։ Հօրս քսակը իր գրպանն է։ Քեռորդւոյս ժամացոյցները հեշտադարանին վրայ էին։ Ո՞ւր են իմ դգալս եւ իմ պատառաքաղս։ Անոնք քու սեղանիդ վրայ են։ Այս մարդիկը մեր բարեկամներն են։ Այդ տղոցը մայրը քեռաղջիկս էր։ Այն շոգենաւուն նաւապետը հօրեղբայրդ էր։ Ձեր եղբօրորդին փէ՞ս մը ունէր։ Ո՛չ, փեղոյր մը ունէր։ Քու քոյրերդ իրենց աւելները ունէին։ Դեղձանիկս իր վանդակին մէջ է։ Մենք իրեն քանակը եւ իրեն զմելին ունէինք։ Այս տղուն հոլը քու ձեռքդ (in thy . . .) էր։ Եղբայրս ունի այս աղջկան քանակը եւ կաղամարը։ Ասեղնին ասղամանին (needle-case) մէջ էր։

Translation 28.

My dog is old. Thy cat is white. Where are my books? Your books and (your) pens are on your desk. She has many mistakes in her translation. Here is

---

[1]) In order to avoid this ambiguity, it is better to use the possessive adjectives մեր, ձեր and իրենց, with their respective suffixes, as: մեր տունը, ձեր կովը, &c.

your father's stick. My soul is immortal. My body is mortal. Your cousins were [in] our garden. Where is his sister? His sister is not here. That is our mother's purse. Their brothers would be here to-day. My niece goes to school with her nephew. Our flowers and (our) lilies are pretty. Her eyes and (her) eyebrows are black. Their uncle's horse is brown. My cousins will be here to-morrow.

Seventeenth Lesson.

Proper Nouns.

There are in Armenian:

1. Proper names of *persons:*

a) Christian names, as: Յակոբ Jacob; Մարիամ Mary.

b) Surnames, which are formed by appending եան a particle denoting origin or family, and corresponding in sense with the English *son* or Scotch *mac*, as: Ադամեան *Mac* Adam; Ստեփանեան Stephen*son.*

2. Names of *countries*, *provinces, towns*, *mountains*, *seas*, *rivers*, *lakes*, *months*, as: Եւրոպա Europe; Թուրքիա Turkey; Կոստանդնուպոլիս (Կ. Պոլիս) Constantinople; Արարատ Ararat; Միջերկրական Mediterranean; Դանուբ the Danube; Էրի լիճ lake Erie; Ապրիլ April.

Remarks.

1. Proper nouns follow the *first declension.*[1])

2. All the proper nouns (excepting those of persons) ending in էա make the Gen. in էայ, as:

Անկլէա England; Անկլէայ թագուհին the queen of England.

Գերմանէա Germany; Գերմանէայ կայսրը the emperor of Germany.

3. Proper nouns admit of no article in the Nom., Gen. and Inst., if not preceded by an adjective or a possessive modifier, however they always have the definite article, when in the Acc. and Abl. cases, as:

---

[1]) For the 1st declension and the nouns ending in ա see the 5th lesson.

Յովսէփ Յակոբի որդին էր Joseph was Jacob's son.
Մարիամ եկեղեցի կ'երթայ Mary goes to church.
Պերլինէն կու գամ I come from (the) Berlin.
Կը սիրեմ Յովհաննէսը I love (the) John.

4. Proper names of places take no article and remain in the *simple accusative*, where in English, the prepositions[1]) *in* or *at, to* or *into* are used, as:

Հայրս Իտալիա կ'երթայ My father goes *to* Italy.
Եղբայրս Աւստրիա կը բնակի My brother lives *in* Austria.

5. Proper names of *seas, rivers, mountains, cities* and *months* followed by the class names ծով sea, գետ river, լեռ mountain, քաղաք city and ամիս month, when as appositive modifiers, remain undeclined, whereas each of the latter is varied after its respective declension, as:

N., Acc. Սեւ ծովը the Black sea.
G., D. Հռենոս գետին of or to the river Rhine.
Abl. Ողիմպոս լեռնէն from mount Olympus.
Inst. Սեբաստիա քաղաքովը with the city of Sivas.

6. *National appellations*[2]) are formed from the names of *countries, cities* and *places*, by appending to them the suffixes ցի, ացի or եցի, as:

Ամերիկա America; Ամերիկացի մը an American. Շուէտ Sweden; Շուէտացի Swede. Ադրիանուպոլիս Adrianople; Ադրիանուպոլսեցի Adrianopolitan.

Words.

Կարոլոս Charles.
Յուլիոս Julius.
Կեսար Caesar.
Գէորգ George.
Ռափայել Raphael.
Դաւիթ David.
Իսրայել Israel.
Տէր, Տիար[3]) Sir.
Պարոն, Պ.[3]) Mister, Mr., Sir.
Տիկին, Տիկ. Mistress, Mrs.
Օրիորդ, Օր. Miss.
Պատուելի, Պատ. Reverend, Rev.
Երանուհի Beatrice.

---

[1]) See also the 7th lesson, Remark.
[2]) These follow the 2d declension.
[3]) To these correspond the Turkish words էֆէնտի and աղա which are also frequently employed, the former for educated persons, and the latter for persons in general.

Զապէլ Isabella.
Յովհաննէս John.
Ասիա Asia.
Ափրիկէ Africa.
Միջագետ Mesopotamia.
Ռուսիա Russia.
Միացեալ United.
Նահանգներ States.
Եփրատ the Euphrates.
Տիգրիս the Tigris.
Հիւսիսային north.
Հարաւային south.
Լուսին Selina.
Ծնաւ (was) born.
Մեռաւ died.
Թարգմանեց translated.
այցելեց visited.
դաշտ plain, field.
խաղալիք toy.
գետափ, ափունք bank.
կը տարածուի lies.
բանաստեղծ, պուէտ poet.
Համբաւեալ famous.

Exercise 29.

Այս խաղալիքները Ստեփանին համար են։ Արմինէ եւ Հրանոյշ Տիկ. Մարինէ Պիւլեանի դուստրներն են։ Քեռաղջիկս Սամսոնէն կու գայ։ Պ. Պետրոս Ադամեան համբաւեալ դերասան (actor) մըն էր։ Օր. Արեգնազ Սիմոնեան գեղեցիկ աղջիկ մըն է։ Անկլիոյ Թագուհին Ֆրանսա (France) կ՚երթայ ամեն (every) տարի։ Գերմանիոյ կայսրը այցելեց Երուսաղէմը։ Հռենոս գետին ափունքը շատ հին դղեակ-(castle) ներ կան։ Պատ. Կարոլոս Թրէյսի Ամերիկացի մըն է. Մարսուան (Marsovan) կը բնակի եւ Անաթօլիա Գօլէճի տնօրէնն (director) է։ Ուօշինկթօն Ամերիկայի Միացեալ Նահանգներուն մայրաքաղաքն (capital) է։ Միջերկրական ծովը Եւրոպայի եւ Ափրիկէի մէջտեղ կը տարածուի։ Կովկասեան լեռները (Caucasus Mountains) Սեւ ծովուն եւ Կասպից (Caspian) ծովուն մէջտեղ են։ Կը սիրեմ Պ. Հրանտը եւ Օր. Լուսինը։ Մկրտիչ Պէշիքթաշլեան եւ Պետրոս Դուրեան Հայ բանաստեղծներ էին։ Ալիս եւ Իրիս գետերը կը թափին (flow) Սեւ ծովը։

Translation 30.

George is my friend. Where is my daughter Beatrice? She is with her sister Isabella. My teacher was [in] Russia. Constantinople is the capital of Turkey. Shakespeare [was] born [at] Stratford, [in] England. David was the king of Israel. Julius Caesar was a great man. Raphael was an artist (գեղարուեստաւոր). Mr. Zohrabian translated these books. Miss Sirpoohi lives now [in] Marsovan. Mr. Jacob Afarian goes from Samson [to] Charshanba. Amassia is an old city on the banks of the Iris. Where are Mrs. Hagopian's white gloves? They are on the chest of drawers of Mr. Hagopian. The Red sea lies between Africa and Arabia (Արաբիա). The great plain of Mesopotamia lies between the Euphrates and the Tigris. Mrs. Zabel Donelian is a learned lady. Lake Erie is in North America. The Amazon, the Orinoco, and the Parana are in South America, and flow [to] the Atlantic (Ատլանտեան) Ocean (ովկիանոս). April is the singing (երգող) month.

Eighteenth Lesson.

Formation of Female Appellations.

As in English, Armenian *nouns* have no *distinctive forms*, but a few have different forms to distinguish the *masculine* from the feminine.

The *masculine* is distinguished from the *feminine:*

a) By using words wholly or radically different, as:

Masculine (արական).	*Feminine* (իգական).
աքաղաղ cock.	հաւ hen.
շուն dog.	քած bitch.
զուարակ bullock.	երինջ heifer.
ցուլ bull; եզ ox.	կով cow.
այծեամ buck.	այծեմնիկ doe.
խոյ ram.	մաքի ewe.
նոխազ he-goat.	այծ she-goat.
ձի horse.	զամբիկ mare.
որձ գայլ *he*-wolf.	էգ գայլ *she*-wolf.
առիւծ lion.	մատակ առիւծ lion*ess*.
վարուժան bird (cock).	մարի bird (hen).
հայր father.	մայր mother.
հայրիկ papa.	մայրիկ mama.
եղբայր brother.	քոյր sister.
որդի or ուստր son.	դուստր daughter.
մանչ boy.	աղջիկ girl.

փեսայ bridegroom.	հարս bride.
այր or էրիկ husband.	կին or կնիկ wife.
եղբօրորդի or քեռորդի nephew.	եղբօրաղջիկ or քեռաղջիկ niece.
տիար, պարոն Mister, Mr.	տիկին Mistress, Mrs.
պարոն gentleman.	տիկին, օրիորդ lady.
երիտասարդ master, young man.	օրիորդ miss, young lady.
ամուրի bachelor.	կոյս, աղջիկ maid.
ծերունի old man.	պառաւ old woman.
մարդ man.	կին woman.
պապ or հաւ grand-father.	մամ or հանի grand-mother.

b) By appending the suffixes -ուհի and -անոյշ, as:

աստուած մը a god.	աստուածուհի մը a god*ess*.
սուրբ ¹) մը a saint.	սրբուհի մը a saint*ess*.
երգիչ ¹) songster.	երգչուհի songstr*ess*.
դիւցազն hero.	դիւցազնուհի hero*ine*.
թագաւոր ²) king.	թագուհի queen.
Հայ մը an Armenian.	Հայուհի մը an Armenian lady.
Անգլիացի ²) մը an Englishman.	Անգլուհի մը an English lady.
դրացի ²) neighbour.	դրացուհի neighbour (fem.).
Պ. Վարդ Mr. Rose.	Տիկ. or Օր. Վարդուհի Mrs. or Miss Rosa.
Պ. Սէր Mr. Love.	Տիկ. or Սիրանոյշ Mrs. or Miss Love.
Պ. Հայկ Mr. Haïg.	Տիկ. Հայկանոյշ Mrs. Haïganoosh.

Remark.

Proper names and appellations derived from them begin with *capital* letters; but adjectives derived from them begin with *small* letters, as:

Սպանիա Spain; *Սպանիացի* Spaniard; *սպանական* Span*ish*.

Words.

բանաստեղծ, պուէտ poet.	ծաղկատի, դեռատի young.
Հովիւ (hoviv) shepherd.	սիրուն lovely, pretty.
նկարիչ painter.	կապոյտ blue.

---

¹) The learner is requested to observe the *law of permutation* and *elision;* see the 9th lesson.

²) Drop the suffix or the final vowel of a word when another suffix is to be appended to the same word.

կոմս count.
անուն name, noun.
գառագեղ menagerie.
ախոռ stable.
պարտիզպան gardener.
որբ orphan.
տեսած եմ I have seen.
կը ճանչնամ I know.
կը գործեն they work.
ունեցած է he has had.

Exercise 31.

Արուսեակ (Venus) գեղեցկութեան աստուածուհին էր։ Տիկ. Հրաչեայ դերասանուհի մըն է։ Վարուժանը եւ մարին բոյնին մէջ են հիմա։ Առիւծը եւ մատակ առիւծը գառագեղին մէջ էին։ Ձեր ախոռին մէջ կան ձիեր եւ զամբիկներ։ Այծեամնիկները դաշտ կ'երթան (go) այծեամին հետ։ Անոր հայրը զուարակներ եւ երինջներ, խոյեր եւ մաքիներ ունի։ Եկեղեցին ունեցած է իր սուրբերն ու սրբուհիները։ Ո՞վ է այդ Հայուհին։ Տիկ. Երանուհիի քոյրն է։ Այդ աղջիկը մեր սպասուհին է։ Օր. Գեղանոյշ սիրուն երգչուհի մըն է։ Կը ճանչնա՞ք այս աղջիկը։ Այո, ան մօրաքրոջս դուստրն է. իր անունն է Շուշան (Lily). Պարտիզպանը եւ պարտիզպանուհին կը գործեն պարտէզին մէջ։ Օր. Հայկանոյշ սխալ մը ունի իր թարգմանութեանը մէջ։ Բարիզուհիները նորաձեւութեան (fashion) գերիներն (slaves) են։

Translation 32.

My uncle is a bachelor. Her daughter is a poetess. I have seen the bridegroom and the bride. His niece is a young girl. Is it a he-wolf or a she-wolf? It is a she-wolt. They have seen the actor and the actress. Your sister is a shepherdess. Their aunt is my neighbour. Your mother is a German lady. That lady is a princess. Mr. Arshag is a painter, and Miss Rosa is a paintress. The count and the countess were [in] York yesterday. George is the king of Greece (Յունաստան), and Victoria is the queen of England. Elisabeth was a heroine. Do you know that gentleman? Yes, Sir, his name is Arsen. Our nephews have many horses and mares. My niece lives with an Italian lady. The little girl with the blue eyes is an orphan. Those gentlemen are the cousins of these young ladies.

Nineteenth Lesson.

Numeral Adjectives.

There are in Armenian two kinds of *numeral* adjectives, viz. *cardinal* and *ordinal.*

1. Cardinal Numbers.

զրօ, ոչինչ zero.
մէկ one.
երկու two.
երեք three.
չորս four.
հինգ five.
վեց six.
եօթը seven.
ութը eight.
ինը nine.
տասը ten.
տասնեւմէկ eleven.
տասներկու twelve.
տասներեք thirteen.
տասնեւչորս fourteen.
տասնեւհինգ fifteen.
տասնեւվեց sixteen.
տասնեւեօթը seventeen.
տասնեւութը eighteen.
տասնեւինը nineteen.
քսան twenty.
քսանեւմէկ twenty-one.
քսաներկու twenty-two.
քսաներեք twenty-three, etc.
երեսուն thirty.
քառասուն forty.
յիսուն fifty.
վաթսուն sixty.
եօթանասուն seventy.
ութսուն eighty.
իննսուն ninety.
հարիւր a hundred.
հարիւր մէկ a hundred and one.
երկու հարիւր two hundred.
երեք հարիւր three hundred.
հազար a thousand.
հազար հինգ հարիւր fifteen hundred.
բիւր ten thousand.
միլիոն a million.

Remarks.

1. Nouns preceded by the cardinal numbers remain in the *singular*, as:

երկու տուն two houses; *հինգ մարդ* five men.

2. **Երկու** without a substantive expressed becomes **Երկուք**, as:

Մենք *երկուք ենք* we are two.

3. It is not permitted to say *տասնեւմէկ հարիւր, տասներկու հարիւր, տասնեւութ հարիւր* etc., but *հազար հարիւր, հազար երկու հարիւր, հազար ութ հարիւր* etc.

4. **Հարիւր** and **Հազար** are never accompanied by the indefinite article, as in English. Ex.:

A hundred or a thousand piasters, Հարիւր կամ հազար դահեկան.

5. The expression: 'I am 15, 20, 40 etc. *years old*' cannot be rendered literally, but must be expressed thus: տասը, քսան, քառասուն տարեկան եմ. — *How* old are you? is translated; Քանի՞ տարեկան էք. Ex.:

Ձեր քոյրը քանի՞ տարեկան է, *how old* is your sister?
ան քսան տարեկան է, she is twenty *years old.*

6. Days of the month are expressed by cardinal numbers. Ex.:

Ապրիլ մէկ, the 1st of April. Մայիս երկուք, the 2d of May.

7. The question: '*What day of the month is it today*'? is translated: Այսօր ամսուն քանի՞ն է։

Answer: Այսօր ամսուն վեցն է.

8. The English '*on the sixth*' etc. is rendered in Armenian վեցին. Ex.: On the 6th of June, Յունիս վեցին.

Note. Verbs denoting time govern the Dative, as: at noon, կէսօրին; at midnight, կէսգիշերին; at two three, four etc. երկուքին, երեքին, չորսին, etc.; in time ատենին, ժամանակին; in the morning առաւօտուն; in my childhood, մանկութեանս.

9. The hours of the day or night are expressed (see the note above, 8) thus:

at two *o'clock*, ժամը երկուքին.
at half past three, ժամը երեք ու կէսին.
what o'clock is it? ժամը քանի՞ն է.
it is ten o'clock, ժամը տասն է.
a *quarter* past five, հինգը քառորդ անցած է.
a quarter *to* four, չորսին քառորդ կայ.
five minutes *to* one, մէկին հինգ վայրկեան կայ.

10. *Collective numbers* are formed by suffixing եակ, as:

զոյգ մը a pair, a brace.	երեսնեակ	about	30.
վեցեակ half-dozen.	քառասնեակ	—	40.
երկվեցեակ or երկոտասնեակ a dozen.	յիսնեակ	—	50.
	հարիւրեակ	—	100.
տասնեակ about ten.	հազարեակ	—	1000.
քսանեակ a score.			

11. *Proportional numerals* which express a quantity multiplied, are:

պարզ simple.
կրկին or երկպատիկ double or twofold.
եռապատիկ triple or threefold.
քառապատիկ fourfold.
հնգապատիկ fivefold.
հարիւրապատիկ 100fold.

12. The English *'some* twenty' etc. is rendered in Armenian քսան մը or քսանի չափ, as:

քսան մը or քսանի չափ տանձ, *some* twenty pears.

Words.

Սուրբ (Ս.) Գիրքը the Bible.
...ին, յամին in the year
յամի Տեառն (Յ. Տ.) in the year of our Lord (A. D.).
առաջ ago, before.
կ'ապրէր lived.
... եւ ... or ... ալ ... կ'ընէ ... and ... are.
կ'ընէ make.
անգամ times.
ժամ hour. էջ page.
նախ քան զՔրիստոս (Ն. Ք.) before Christ (B. C.).
գտաւ discovered.
հատոր volume.
գիւղացին the peasant.
զաւակ child.
դար century.
says կ'ըսէ. որ that.

Exercise 33.

Հօրեղբայրս եօթը զաւակ ունի հինգ մանչ եւ երկու աղջիկ. Գիւղացին երեսունեւհինգ եզ, քառասուներկու կով, ութսունեւութը այծ ու եօթանասունեւչորս ոչխար ունէր: Ուսանողը ինը սխալ ունի իր հրահանգին մէջ: Եօթը եւ ութը տասնեւհինգ կ'ընէ: Քսանեւմէկ անգամ երեսուներկուք քանի՞ կ'ընէ: 21 անգամ 32 կ'ընէ վեց հարիւր եօթանասուներկուք: Մէկ լերան հարիւր դահեկան կ'ընէ: Քանի՞ տարեկան էք: Ես ծնած եմ յամին հազար ութը հարիւր վաթսունեւչորսին, եւ հիմա երեսունեւհինգ տարեկան եմ: Դուստրս ծնած է 1892 Ապրիլ հինգին: Պետրոս Դուրեան՝ Հայ բանաստեղծը՝ մեռաւ 1872ին, իր քսանեւմէկ տարեկան հասակին (in the 21st year of his *age*) մէջ: Լիգուրկոս կ'ապրէր ութ հարիւրին Ն. Ք.: Տարին երեք հարիւր վաթսունեւհինգ օր ունի: Ամսուան օրերը երեսուն եւ շաբթուան օրերը եօթն են: Ժամը 60 վայրկեան ունի:

Այսօր ամսուն քանի՞ն է։ Տասնեւինն է. երէկ տասնեւութն էր։ Նափոլէոն մեռաւ Ս. Հեղինէ (St. Helena) կղզւոյն մէջ 1821 Մայիս 5ին։ Ժամը քանի՞ն է։ Ժամը ութն է։ Ժամը իննին քառորդ մնացած դպրոց կ'երթամ եւ չորսը տասը անցած տուն կու գամ։ Մենք յիսունի չափ խնձոր եւ երկու զոյգ հաւկիթ ունինք։ Կ. Պոլիս, 28 Յունիս 1899։ Երկվեցեակ մը գրիչ եւ քսանեակ մը գիրք ունիմ։

Translation 34.

My neighbour has 3 pounds of sugar. The princess has two palaces. We have 240 pupils. 489. 1864. 55. 500. 11. 1000. 10000. 1000000. I have seen 21 merchants. The city of Trebizond has 45000 inhabitants. A (the) day has 24 hours, and an (the) hour has 60 minutes. We have a score roses. 35 and 42 are 77. How much is three times nine? 3 times 9 make 27. In 1860 the city of Heidelberg had 14,502 inhabitants; now it has 40,000. 7 days make a week. 30 days make a month. The Bible says that the days of man are three score years and ten. Columbus discovered America in 1492. My father was born in the year 1844. How old is your mother? She is 55 years old. Where were you yesterday at seven o'clock? I was [in] my room with the singer. The king and the queen will be [in] Rome (Հռոմ) on the 10th of June. What o'clock will it be to-morrow *at* this hour (այս ժամուն)? It will be eight. My teacher has some 200 volumes of books. This grammar has 144 pages. Anatolia College, Marsovan, Nov. (Նոյեմբեր) 3, 1895.

Twentieth Lesson.

Ordinal Numbers.

Except առաջին, երկրորդ, երրորդ and չորրորդ, the ordinal numbers are formed from the cardinal by appending երորդ. They are as follows:

առաջին first.
երկրորդ second.
երրորդ third.
չորրորդ fourth.
հինգերորդ fifth.
վեցերորդ sixth.

եօթներորդ seventh.	ութսուներորդ 80th.
ութերորդ eight.	իննսուներորդ 90th.
իններորդ ninth.	հարիւրերորդ 100th.
տասներորդ tenth.	հարիւր տասնեւհինգերորդ 115th.
տասնեւմէկերորդ 11th.	
տասներկուերորդ 12th.	հինգ հարիւր մէկերորդ 501st.
տասներեքերորդ 13th.	հազարերորդ 1000th.
տասնեւչորսերորդ 14th.	տասը հազար վեցերորդ
քսաներորդ 20th.	10006th.
երեսուններորդ 30th.	միլիոներորդ 1000000th.
քառասուներորդ 40th.	հարիւր քսանեւվեց միլիոն-
յիսուներորդ 50th.	երորդ 126000000th.
վաթսուներորդ 60th.	վերջին last.
եօթանասուներորդ 70th.	

Remarks.

1. *Fractional numbers* are expressed by ordinal numbers, as in English, as:

կէս or մէկ երկրորդ a half; երկու ութերորդ two eighths; մէկ հինգերորդ a fifth; չորս տասներորդ four tenths. մէկ ու կէս քաշ one pound and a half; կէս ժամ half an hour; ժամ ու կէս one hour and a half.

2. *Proper names of princes* take the ordinal numbers *without* an article, as:

Կիյոմ Բ.[1]) (երկրորդ) William II.; Գէորգ Գ..[1]) (երրորդ) George III.

3. The *distinctive numbers* (numeral adverbs) are expressed by the ordinal numbers, as:

առաջին or նախ first; երկրորդ secondly; երրորդ thirdly, etc.

---

[1]) Value of the letters of the alphabet used as numerals

ա	1	ժ	10	ճ	100	ռ	1000
բ	2	ի	20	մ	200	ս	2000
գ	3	լ	30	յ	300	վ	3000
դ	4	խ	40	ն	400	տ	4000
ե	5	ծ	50	շ	500	ր	5000
զ	6	կ	60	ո	600	ց	6000
է	7	հ	70	չ	700	ւ	7000
ը	8	ձ	80	պ	800	փ	8000
թ	9	ղ	90	ջ	900	ք	9000

4. *Both, all three, all four* are to be rendered by ալ; the preceding numeral or substantive takes the *definite article,* as:

երկուքն ալ both; երեքն ալ all three; չորսն ալ all four.

երկու քոյրերն ալ both sisters; վեց եղբայրներն ալ all six brothers.

5. All the numeral adjectives follow the *first declension.*

Names of the months.

Յունուար January.	Յուլիս July.
Փետրուար February.	Օգոստոս August.
Մարտ March.	Սեպտեմբեր September.
Ապրիլ April.	Հոկտեմբեր October.
Մայիս May.	Նոյեմբեր November.
Յունիս June.	Դեկտեմբեր December.

Names of the days.

Կիրակի Sunday.	Հինգշաբթի Thursday.
Երկուշաբթի Monday.	Ուրբաթ Friday.
Երեքշաբթի Tuesday.	Շաբաթ Saturday.
Չորեքշաբթի Wednesday.	*(On)* Tuesday Երեքշաբթի.

Words.

մաս part.	կարող able.
կարգ class.	յառաջիկայ next.
Գլուխ (Գլ.) chapter.	ջերմեռանդ devout.
նաւապետ captain.	կը սկսի begins.
ամբողջ whole.	զիս (acc.), ինձ (dat.) me.
Սաղմոս Psalm.	տուած են they have given.

Exercise 35.

Եդուարդ իր կարգին քսաներեքերորդն է։ Յունուար տարւոյն առաջին ամիսն է, Մարտ՝ երրորդը եւ Յունիս՝ վեցերորդը։ Ամիսը տարւոյն տասներկուերորդ մասն է։ Փարան դահեկանին քառասուներորդ մասն է։ Այսօր Ապրիլի վերջին օրն է։ Կը ճանչնամ այս նաւուն երկրորդ նաւապետը։ Կէս քաշ շաքար եւ հինգ ու կէս քաշ սուրճ ունիմ։ Չորրորդ կարգի աշակերտները հոս էին կէս ժամ առաջ։ Կարոլոս Ե. ծնաւ հազար հինգ հարիւրին։ Կիյոմ Ա.

եւ Փրետերիկոս Գ., երկուքն ալ բարի կայսրներ էին: Քանի՞ տարեկան էք: Յառաջիկայ Հինգշաբթի երեսուներեք տարեկան պիտի ըլլամ: Երեք չորրորդ եւ երկու ութերորդ մէկ ամբողջ կ'ընեն: Լուդովիկոս ԺԶ., Ֆրանսայի թագաւորը, մեռաւ Բարիզ 1793 *Յունուար* 21*ին: Յովհաննէս էֆէնտի*[1] *Մանիսաճեան, Առաքել էֆէնտի Սիվասլեան եւ Յովհաննէս էֆէնտի Յակոբեան, երեքն ալ կարող ուսուցիչներ են: Մարութէ աղա*[2] *Իբրանոսեան եւ Կարապետ աղա Մուրատեան, երկուքն ալ համբաւեալ վաճառականներ են: Սաղմոս Ճ.: Գլ. ԺԸ.: Դաս ԻԱ.: Այս տասնեւիններորդ դարուն վերջին տարին է:* 1901 *Յունուար* 1*ին կը սկսի քսաներորդ դարը:*

Translation 36.

This man has $4^{1}/_{3}$ pounds [of] pears for his children. Saturday is the last day of the week. My niece visited me [on] Wednesday. The days are not short in June and July. February is the second month in the year; August is the eighth. Henry VIII. king of England. (The) four is the half of (the) eight. Give me three pounds and a half [of] sugar. His nephews will be here [on] Friday. They have given the half of that cheese to my neighbour. When does that devout old lady go to church [on] Sunday? She goes at eleven o'clock and comes home at half past one.

Twenty-First Lesson.

Indefinite Adjectives.

When used *without* a substantive, these words are *pronouns.*[3] With a substantive, however, they are *adjectives.*

ամեն every.	*նոյն* same.
բոլոր all.	*մաս մը, քիչ մը* any, some.
ամբողջ whole.	*ինչպիսի* what kind of...?

[1] See the footnote [2], 17th lesson.
[3] See the 31st lesson.

ուրիշ another.
միւս, ուրիշ other.
իւրաքանչիւր each.
քանի մը a few, some.
շատ many, much.
շատ մը a great many.
մէկ քանի several.
քանի՞ how many?
ո՞րչափ how much?
ոչ մի, չ... no, not.
ասանկ, ատանկ, անանկ such, — a.
այնքան so many.
այնչափ so much.
ինչ ինչ, այսինչ, երբեմն certain.
քիչ little.
երկուքն ... ալ both.
ի՞նչ what?
ո՞ր which?

Words.

հասակ age; size.
վիշտ sorrow.
ուրախութիւն joy.
երկիր country.
փուշ thorn.
գրչակալ pen-holder.
հարստութիւն wealth, riches.
արտոյտ lark.
թերութիւն fault.
բան thing.
անձ person.
բառարան dictionary.
ձեռնարկ enterprise.
երիտասարդներ young people.
կանոն rule.
բացառութիւն exception.
յաւիտենական eternal.
ցուրտ cold.
ընդունած է has received.
մեռած dead.

Excrcise 37.

Ամէն բան իր ժամանակը ունի։ Ամէն հասակ իր ուրախութիւններն ու վիշտերն ունի։ Ամբողջ երկիրը աղքատ է։ Ոչ մի ուրախութիւն յաւիտենական է։ Այս սիրուն վարդը քանի մը փուշ ունի։ Շատ երկիրներ ցուրտ են։ Իւրաքանչիւր մարդ՝ կը սիրէ (loves) կեանքը։ Բոլոր մարդիկ մահկանացու են։ Օր. Աննա քանի՞ սխալ[1]) ունի իր թարգմանութեանը մէջ։ Ան սխալ չունի։ Ո՞րչափ գինի ունէին։ Քիչ մը գինի եւ կտոր մը պանիր ունէին։ Ասանկ գեղանի (fine) ծաղիկ մը։ Այս իմ գրչակալս է. ո՞ւր է միւս գրչակալը։ Ուրիշ քերականութիւն մըն ալ ունիմ։ Ձեր հօրեղբայրը ո՞ր տունը կը բնակի։ Ան այդ նոր տունը կը բնակի քանի մը ուրիշ անձերու հետ։ Ի՞նչ գիրք է այդ։ Ուէպսթըրի բառարանն է։ Ինչ ինչ ձեռնարկներ։

---

[1]) Nouns preceded by *many, how many?* etc. usually remain in the *singular*.

Translation 38.

God is the father of all men. Every rose has its thorns. All the houses of this town are very high. Such a translation would be easy. Give me a few pens. Many a man is happy. Several (*շատ*) men have the same name. Each boy has received seven piasters. She had some mistakes in her translation. Both soldiers are dead. Certain books are not good for young people. The whole night was cold. No rule is without exception. It is rare (*հազուադէպ*) to have many good friends. Little wealth, little sorrow. That girl has no friends. Every man is mortal. What bird is that? It is a lark. A little boy had a great many pretty flowers in his garden. My sister has received a letter from a certain Mrs. Clarck. No man is without faults. Every day in thy life is a leaf in thy history.

Twenty-Second Lesson.

Adjectives.

Adjectives, as in English, uniformly precede the noun which they qualify, and remain undeclined, except when used as substantives.[1]) Ex.:

քաջ զինուոր մը a brave soldier.

ծոյլ տղաք idle boys.

հարուստ իշխան մը a rich prince.

աղքատ մարդ մը a poor man.

հարուստն ու աղքատը the rich (man) and the poor (man).

հարուստներն ու աղքատները the rich and the poor.

A noun may take the place of an adjective denoting a material. Ex.:

ոսկի ժամացոյց մը a gold watch.

արծաթ դգալ մը a silver spoon.

զոյգ մը մետաքս գուլպայ a pair of silk stockings.

Many adjectives are *roots* as in English, such as:

կապոյտ blue; կակուղ soft; լայն broad; նեղ narrow.

---

[1]) In this case, they follow the 1st declension, save those ending in է.

But the greater number are *derivatives*, and may be known by the following *affixes* **and** *suffixes* added to a *substantive*: —

a) ան — յոյս hope; անյոյս hopeless.
ապ — երջանկութիւն happiness; ապերջանիկ unhappy.
տ — գեղ beauty; տգեղ ugly.
չ — գոյութիւն existence; չգոյ non-existent.
տժ — գոյն colour; տժգոյն pale.
դժ — բաղդ fortune; դժբաղդ unfortunate.

b) ական — հայրական խնամք paternal care.
ակար — վնասակար միջատ մը a hurtful insect.
ային — ցամաքային կենդանիներ terrestrial animals.
աւոր — հռչակաւոր զօրավարներ famous generals.
եան — արեւելեան ազգեր oriental nations.
ալի — շնորհալի ձեւեր graceful manners.
ելի — վստահելի անձ մը a trusty person.
ոտ — ժանգոտ թուր մը a rusty sword.
ուտ — աւազուտ անապատներ sandy deserts.
եայ — ադամանդեայ գինդեր diamond earrings.
եղ — համեղ կերակուր delicious food.
եղէն — բրդեղէն կերպաս woollen cloth.
աւէտ — ծաղկաւէտ դաշտեր flowery fields.
ուն — իմաստուն թագաւոր մը a wise king.

Adjectives[1]) denoting a nation are formed by appending the suffix ական. Ex.:

սպանական պատերազմը the Spanish war.
Ֆրանսական ճեմարանը the French Academy.
գերմանական բանակը the German army.
անգլիական նաւատորմը the English navy.

Adjectives denoting a nation's language terminate in երէն or արէն. Ex.:

Հայերէն քերականութիւն մը an Armenian grammar.
Թուրքերէն գրականութիւնը the Turkish literature.
ռուսերէն բառեր Russian words.
անգլիարէն or -երէն լեզուն the English language.
յունարէն ոտանաւոր մը a Greek poem.

---

[1]) See the 18th lesson, Remark.

Remarks.

1. Most *abstract nouns* are formed from adjectives by appending the suffix ու–թիւ–ն. Ex.:

կոյր[1]) blind.	կուրու–թիւ–ն blindness.
տխուր[1]) sad, etc.	տխրու–թիւ–ն sadness.

2. There are a great many *adjectives* that require their *complement* in the Dative, Ablative or Instrumental[2]), where in English they employ any one of the prepositions *of, for, to, on, with,* etc. or no preposition at all. Ex.:

նա արժանի է վարձատրութեան he is worthy of reward.

ձին օգտակար է մարդուն the horse is useful to man.

շատեր դժգոհ են իրենց վիճակէն many people are dissatisfied with their condition.

նա զուրկ է ապրուստէ he is deprived of living.

կողովը լի or լեցուն է ծաղիկներով the basket is full of flowers.

ճոխ ոսկւով եւ արծաթով rich in gold and silver.

Words.

երկինք heaven.	հասուն ripe.
երկնակամար sky.	տհաս unripe.
պիծակ wasp.	գործունեայ active.
միջատ insect.	առաքինի virtuous.
մարմին body.	մարդկային human.
հոգի soul.	ապուշ stupid.
հիւս carpenter.	մետաքսեայ silk, -en.
գործիք tool.	բուրեղ fragrant.
Նեղոս the Nile.	հոյակապ eminent.
խրատ advice.	թանկագին precious.
գաւաթ cup.	բարեձեւ handsome.
պատառաքաղ fork.	հաճելի agreeable.
անդրիագործ sculptor.	ծանր heavy.
տունկ plant.	երկնաւոր heavenly.

---

[1]) See the *law of permutation,* lesson 9.

[2]) As it is sometimes difficult for beginners to discover at first sight which case is to be employed, it has been thought advisable to assist them with practicle hints, whenever necessary.

մետաղ metal.
գրատուն library.
կրօնք religion.
քաջութիւն bravery
քաղցրութիւն sweetness.
բնաւորութիւն disposition.
ապերջանիկ unhappy.
հզօր mighty. զօրաւոր strong.
հարկաւոր necessary.
յարմար fit.
նշանաւոր noted.
նման alike.

Exercise 39.

Կը սիրեմ կապոյտ երկնակամարը, բարձր ծառերը եւ կանանչ դաշտերը։ Հասուն տանձեր ունի՞ք։ Ո՛չ, Տէր, տանձերը տհաս են, բայց հասուն կեռաս ունինք։ Հայերը արեւելեան հին ազգ մըն են։ Հօրաքոյրս գործունեայ եւ առաքինի կին մըն է։ Պիծակը վնասակար միջատ մըն է։ Մարդկային կեանքը կարճ է։ Եդուարդի նոր գիրքերը օգտակար եւ հաճելի են։ Մարմինս մահկանացու է, բայց հոգիս անմահ է։ Այս տղան ապուշ է։ Այդ հիւսը երկաթ գործիքներ ունի։ Բարեկամուհիս շատ մը մետաքսեայ թաշկինակներ եւ բրդեայ գուլպաներ ունի։ Մեր պարտէզին մէջ բուրեղ ծաղիկներ կան։ Ամէն ազգ իր ոսկեղէն դարը ունեցած է (has had)։ “Հայերէն լեզուն ճոխ է„ կ'ըսէ Լորտ Պայրըն, անկլիացի հռչակաւոր բանաստեղծը։ Մեր ուսումնարանը (college) անկլիերէն, ֆրանսերէն, գերմաներէն, լատիներէն եւ յունարէն գիրքերով ճոխ գրատուն մը ունի։ Նա ամէն բանի յարմար է։ Կրօնքը հարկաւոր է մարդուն։ Նափոլէոն կը գովէր (praised) իր զինուորներուն քաջութիւնը։

Translation 40.

The Nile is a large river. Henry is a good pupil. A good advice is precious. Miss Elizabeth is a diligent little girl. That low (ցած) house is on a high mountain. The sick count lives in a beautiful palace. The king had a gold cup in his hand. What had the handsome young man? He had a silver fork. The black eyes of that Armenian young lady are very fine. Michael Angelo was a famous sculptor, and Raphael Sanzio was a great painter. Many plants have always green leaves. Those books are very useful and agreeable. (The) iron is a heavy metal. The rich are not always happy, and the poor are not always unhappy. The rich and the poor are alike before God. What beautiful blue eyes! England has a wise old queen. There is some delicious food on the wooden table. The German army and the English navy are mighty. The Turkish soldiers are brave. Warren was noted for the sweetness of his disposition.

Twenty-Third Lesson.

Degrees of Comparison.

The two degrees of comparison are the *comparative* and superlative.

The *comparative* is formed by prefixing աւելի more, or it is the simple form of the *positive*, — the latter by prefixing ամէնա *the most.*

Comparative.

բարձր high; աւելի բարձր high*er*.
գեղեցիկ beautiful; աւելի գեղեցիկ *more* beautiful.

Superlative.

ամէնաբարձր *the* high*est*
ամէնագեղեցիկ *the most* beautiful.

Degrees of *diminution* are expressed by prefixing նուազ *less*, for the comparative, and ամէնանուազ *least,* for the superlative, as:

օգտակար useful; նուազ օգտակար *less* useful;
ամէնանուազ օգտակար *the least* useful.

Moreover, the adverbs շատ, չափէ, խիստ and յոյժ, give the adjectives the force of *superlatives,* as:

չափէ or յոյժ հարուստ տիկին մը, an extremely rich lady.
խիստ or շատ ժրաջան ուսանող մը, a very diligent student.

Remarks.

English *than* is rendered in two different ways, viz.:

1. When preceded by a *substantive* or *pronoun, than* is not translated, and the substantive or pronoun is put in the *ablative* case, as:

արեւը լուսինէն աւելի մեծ է, the sun is larger *than* the moon.

դուն ինձմէ աւելի բարձրահասակ ես, thou art taller *than* I.

ան Կիկերոնէն աւելի պերճախօս է, he is more eloquent *than* Cicero.

2. It is translated by *քան*, when the comparison is merely expressed by *առաւել* or *նուազ*, without an adjective following, as: *աւելի ոսկի կայ քան արծաթ*, there is more gold *than* silver.

3. When two different adjectives or verbs are compared with one another, *than* must likewise be rendered by *քան*, as:

ան աւելի երջանիկ է քան խոհեմ, he is more happy *than* prudent.

դուք աւելի կը խօսիք քան կը գործէք, you speak more *than* you work.

4. *As*... *as* or *so*... as is rendered by *այնչափ* ... *որչափ* or by the postpositions ... *չափ*[1]) or ... *պէս*,[1] and *not so*... *as* by *ոչ այնչափ* ... *որչափ* or ... *չափ*[1]) *չ*..., as:

այն աղջիկը այնչափ բարեձեւ է որչափ անմեղ,
that girl is *as* handsome *as* innocent.

մեր պարտէզը ձերինին չափ պտղաւէտ է,
our garden is *as* fruitful *as* yours.

այս վէպերը այնչափ շահեկան չեն որչափ անոնք,
these novels are *not so* interesting *as* those.

ձեր տունը այդ պալատին չափ բարձր չէ,
your house is *not so* high *as* that palace.

5. When a relation between two comparatives is expressed, the English the ... the before them is translated by *ո՛րքան* ... *ա՛յնքան*, as:

ո՛րքան շուտ, ա՛յնքան լաւ, the sooner, the better.

Words.

փողոց street.
հրապարակ square.
արագիլ stork.
զուարթ gay.
առաջինը the former.
վերջինը the latter.

[1]) See the 7th lesson, *b*).

կարգ class.
միջոց means.
դրամ money.
բլուր hill.
հովիտ valley.
աշխարհ world.
կապար lead.
մեղու bee.
շերամ silk-worm.
դուքս duke.
ծնողք parents.
կակաչ tulip.
լայն broad. նեղ narrow.
ուսումնասէր studious.
երէց elder. երիցագոյն eldest.
կրտսեր younger. կրտսերագոյն youngest.
սուր sharp.
զբօսեցուցիչ amusing.
հրահանգիչ instructive.
մտացի intelligent.
խոր or -ունկ deep.
քաղաքավար polite.
հանդարտ or -իկ quiet.
փառասէր ambitious.

Exercise 41.

Փողոցը լայն է. հրապարակը աւելի լայն է։ Ոսկին արծաթէն աւելի թանկագին է, բայց ադամանդը ամենաթանկագին մետաղն է։ Այն երիտասարդը իր բարեկամէն աւելի զուարթ է։ Վահան եւ Վարդան քեռորդիներս են. առաջինը աւելի ուսումնասէր է քան վերջինը։ Կրտսերագոյն քոյրս Կ.Պոլիս կը բնակի երիցագոյն եղբօրս քով։ Զապէլի չափ ջանասէ՞ր էք։ Այո՛, բայց ան իր կարգին առաջինն է։ Ձեր դանակը այնչափ սուր չէ որչափ իմ զմելիս։ Պարզ միջոցները ամենալաւ միջոցներն են։ Անոր եղբօրմէն աւելի դրամ ունի՞ք։ Ոչ, ես ա՛յնչափ (so much) դրամ չունիմ։ Այդ հեղինակին (author) չափ երկասիրութիւններ (works) ունի՞ք։ Ո՛չ, Տէր, ա՛յնքան (so many) չունիմ։ Շունը կատուէն աւելի հաւատարիմ է։ Ո՛չ մի կենդանի աւելի հաւատարիմ է քան շունը։ Այս գիրքը աւելի զբօսեցուցիչ է քան հրահանգիչ։ Եդուարդ աւելի ջանասէր է քան մտացի։ Ո՛րքան բարձր [ըլլայ] բլուրը, ա՛յնքան խոր [կ'ըլլայ] հովիտը։ Աղէքսանդր Կեսարի չափ փառասէր էր։ Կակաչը գեղանի (fine) ծաղիկ մըն է. շուշանը աւելի գեղանի է. վարդը բոլոր ծաղիկներուն ամենագեղանին է։ Երէց եղբայրս երեսուներկու տարեկան է։ Հայրս հօրեղբօրմէդ աւելի ծեր է։

Translation 42.

The morning was warm; the evening was warmer. That was the warmest night of the year. This church is higher than the other. Mary is the happiest girl in the world. Napoleon I. was the greatest general. (The) iron is a very useful metal; it is more useful than (the) gold and (the) lead. The most useful insects are the bee and the silk-worm. This house is not so old as the other. The duke's palace is more high than broad. My parents are less rich than your friends, but they are happier and more contented. The richest men are not always the happiest. Our cat is not so strong as your little dog. Henry is as idle as his younger brother. The 22nd of June is the longest, and the 22nd of December is the shortest day of the year. Mr. Aram is a very polite man; he is politer than his eldest brother. The quieter a life is, the happier it is. The longer the days, the shorter the nights.

Twenty-Fourth Lesson.

Regular Verbs.

The *verb* consists of two elements, viz. the *root* and the *terminations*. The former is always *invariable* in regular verbs; the latter, however, undergo certain variations, by which *persons* and *tenses* are distinguished.

By the *termination* of the *Infinitive Mood* we distinguish *three* different forms of conjugation, viz.:

The *first* conjugation, with the Infinitive Mood ending in ել, as: գործել[1]) *to* work:

The *second* conjugation, with the Infinitive ending in իլ, as: խօսիլ *to* speak.

The *third* terminating in ալ, *as:* կարդալ *to* read.

Formation of the tenses.

The *present tense* of the Indicative is formed from the Infinitive by changing its final լ into մ and pre-

[1]) In this grammar all the variable terminations of regular verbs are in the paradigms printed in *Italics*.

fixing the syllable կը, as: սիրել *to* love, կը սիրեմ I love; խօսիլ *to* speak, կը խօսիմ I speak; կարդալ to read, կը կարդամ I read.

The *Imperfect* is formed from the Present by changing its final եմ or իմ into էի, and ամ into այի, as: կը գործէի; կը խօսէի; կը կարդայի.

The *Perfect*[1]) is formed from the Infinitive by changing its terminations ել, իլ and ալ into եցի, եցայ and ացի, as: կատարել *to* finish, կատարեցի; բնակիլ *to* dwell, *to* live, բնակեցայ; խաղալ *to* play, խաղացի.

The *first* or *simple Future* and the *first Conditional* are formed by prefixing պիտի to the Subjunctive Present and Imperfect, which are, in regular verbs, the same as the Indicative Present and Imperfect without կը, as:

պիտի գովեմ I *shall* praise; պիտի գովէի I *should* praise.

The formation of the tenses in the other moods will be seen in the *paradigms*.

First Conjugation[2] (Առաջին Լծորդութիւն).

Indicative Mood (Սահմանական Եղանակ).

Present Tense (Ներկայ Ժամանակ).

Singular ((Եզակի).	*Plural* (Յոգնակի).	
կը սիրեմ[3]) I love.	կը սիրենք we	love.
„ սիրես thou lovest.	„ սիրէք you	
„ սիրէ he or she loves.	„ սիրեն they	

Imperfect (Անկատար).

կը սիրէի I loved.	կը սիրէինք we	loved.
„ սիրէիր thou lovedst.	„ սիրէիք you	
„ սիրէր he loved.	„ սիրէին they	

Perfect (Կատարեալ).

սիրեցի I loved.	սիրեցինք we	loved.
սիրեցիր thou lovedst.	սիրեցիք you	
սիրեց he loved.	սիրեցին they	

---

[1]) See the footnote, page 21, 1).

[2]) For the formation of the *compound tenses*, see the 13th lesson, Remark 1.

[3]) See the footnote, lesson 13, 2).

Future (Ապառնի).

պիտի սիրեմ I shall	love.	պիտի սիրենք we shall	love.
„ սիրես thou wilt		„ սիրէք you will	
„ սիրէ he will		„ սիրեն they „	

First Conditional (Թէական Ապառնի).

պիտի սիրէի I should	love.	պիտի սիրէինք we should	love.
„ սիրէիր thou wouldst		„ սիրէիք you would	
„ սիրէր he would		„ սիրէին they „	

Imperative Mood (Հրամայական Եղանակ).

Թո՛ղ սիրեմ *let me* love. — սիրե՛նք *let us* love.
սիրէ՛ love (thou). — սիրեցէ՛ք love (you).
Թո՛ղ սիրէ *let him* love. — Թո՛ղ սիրեն *let them* love.

Subjunctive Mood (Ստորադասական Եղանակ).

Present (Ներկայ).

որ սիրեմ *that* I	love.	որ սիրենք *that* we	love.
„ սիրես „ thou		„ սիրէք „ you	
„ սիրէ „ he		„ սիրեն „ they	

Imperfect (Անկատար).

որ սիրէի *that* I should	love.	որ սիրէինք *that* we should	love.
„ „ thou wouldst		„ սիրէիք „ you would	
„ „ he would		„ սիրէին „ they „	

Participles (Ընդունելութիւններ).

Present սիրող loving.
Past սիրած, սիրեր loved.
Future սիրելու to or about to love.

Conjugate in the same manner:

յարգել to respect.
ներել to forgive, to pardon.
գնել to buy.
շինել to make.
օրհնել to bless.
մաքրել to clean.
աւլել to sweep.
սերտել to learn, to study.
ուզել to want.
լսել to hear.

Remarks.

1. There is only one way to render the expression:
I love, *I do love* and *I am loving*, viz. *կը սիրեմ:* — *I was loving* or *I used to love* = *կը սիրեի*, etc.

2. The prefix *կ* (in the case of monosyllabic roots *կ—*, as: *կ— լամ* I weep, *կ— գամ* I come, *կ— տամ* I give) appears only in the *Present* and *Imperfect Indicative*. The following verbs do not take it even in these tenses; *եմ* I am, *կրնամ* I can, *գիտեմ* I know, *ունիմ* I have.

3. *կ* is apostrophed (*կ'*) before a vowel, as *կ'երգեմ* I sing; *կ'ատեմ* I hate; *կ'ուզեմ* I want.

4. The English *I am to* or *I have to* is translated by the Future Participle compounded with the Present and Imperfect Indicative of the auxiliary verb *եմ*, as:

Vahram *is to* learn German,

Վահրամ գերմաներէն սովրելու է:

I *have to* write a letter,

Նամակ մը գրելու եմ:

Words.

ճնճղուկ (pron. ճըն-ճ-) sparrow.
աղմուկ noise.
սոխակ nightingale.
վարդենի rose-bush.
պարտք debt.
գարեջուր beer.
թատերախաղ drama.
լեզու language.
կօշիկ boot.

պայթիւն report.
քթան linen.
պատկեր picture.
ներել to forgive, to pardon.
պաշտպանել to defend.
խմել to drink. կարել to sew.
հնարել to invent.
նկարել to paint.
ծախել to sell.

Exercise 43.

Զո՞վ (whom) կը սիրես: Ես կը սիրեմ եղբայրս: Միհրան կը յարգէ իր ուսուցիչները: Մենք կը սիրտանք մեր դասերը: Դուք կը գրէք ձեր հրահանգները: Ճնճղուկները կը շինեն իրենց բոյները: Աստուած օրհնեց Աբրահամը: Աղմուկ մը լսեցինք փողոցին մէջ: Սոխակը կ'երգէր վարդենւոյն վրայ: Ի՞նչ պիտի գրէք: Նամակ մը պիտի գրեմ:

Ներէ՛ մեր պարտքերը։ Սիրե՛նք զԱստուած եւ մեր ընկերները։ Սպասուհին թո՛ղ աւլէ սենեակը։ Ի՞նչ սորվելու էք։ Մենք Թուրքերէն սորվելու ենք եւ Ամերիկացին Հայերէն սորվելու է։ Ի՞նչ գնելու էին։ Քանի մը քաշ կեռաս գնելու էին, բայց հինգ քաշ տանձ գնեցին։ Ո՞ւր է սպասաւորը։ Ան սենեակը պիտի մաքրէր։ Աստուած օրհնէ՛ մեր տունը։

Translation 44.

What do you want? I want some money. He defends his honour. I shall drink a cup of beer. Shakspeare wrote many dramas. Fulton invented the steamboat. What have you to sell? We have to sell our horses. What will they buy? They have to buy Otto's French grammar; they are to learn that language. I come from the vineyard. Respect God's law, if you will be happy. Let them study their lessons. Let him clean his boots. Did you hear the report? No, but my elder brother has heard it. Who sews this fine linen shirt? My younger sister sews it. Who has painted that fine picture? The old painter has painted it. God bless our school.

Twenty-Fifth Lesson.

Second Conjugation (Երկրորդ Լծորդութիւն).

Indicative Mood (Սահմանական Եղանակ).

Present Tense (Ներկայ Ժամանակ).

Singular (Եզակի).	*Plural* (Յոգնակի).	
կը խօսիմ I speak.	կը խօսինք we	speak.
„ խօսիս thou speakest.	„ խօսիք you	
„ խօսի he speaks.	„ խօսին they	

Imperfect (Անկատար).

կը խօսէի I spoke.	կը խօսէինք we	spoke.
„ խօսէիր thou spokest.	„ խօսէիք you	
„ խօսէր he spoke.	„ խօսէին they.	

Perfect (Կատարեալ).

խօսեցայ I spoke.		խօսեցանք we	spoke.
խօսեցար thou spokest.		խօսեցաք you	
խօսեցաւ he spoke.		խօսեցան they	

Future (Ապառնի).

պիտի խօսիմ I shall	speak.	պիտի խօսինք we shall	speak.
„ խօսիս thou wilt		„ խօսիք you will	
„ խօսի he will		„ խօսին they „	

First Conditional (Թէական Ապառնի).

պիտի խօսէի I should	speak.	պիտի խօսէինք we should	speak.
„ խօսէիր thou wouldst		„ խօսէիք you would	
„ խօսէր he would		„ խօսէին they „	

Imperative Mood (Հրամայական Եղանակ).

Թող խօսիմ *let me* speak.	խօսինք *let us* speak.
խօսէ speak (thou).	խօսեցէք speak (you).
Թող խօսի *let* him speak.	Թող խօսին *let them* speak.

Subjunctive Mood (Ստորադասական Եղանակ).

որ խօսիմ that I	speak.	որ խօսինք that we	speak.
„ խօսիս „ thou		„ խօսիք „ you	
„ խօսի „ he		„ խօսին „ they	

Imperfect (Անկատար).

որ խօսէի that I should	speak.	որ խօսէինք that we should	speak.
„ խօսէիր „ thou wouldst		„ խօսէիք „ you would	
„ խօսէր „ he would		„ խօսէին „ they „	

Participles (Ընդունելութիւններ).

Ներկայ (*Present*) խօսող speaking.
Անցեալ (*Past*) խօսած spoken.
Ապառնի (*Future*) խօսելու to or about to speak.

Conjugate in the same manner:

փայլիլ to shine.	նայիլ to look.
աշխատիլ to labour, to work.	յոգնիլ to be fatigued.
ապրիլ to live.	պառկիլ to lie down, to go to bed.
բնակիլ to dwell.	խորհիլ to think.

Words.

սարեակ blackbird.
խնձորենի apple-tree.
աւազակ robber.
ճամբորդ traveller.
ամայի desert.
թէ that. *քանզի* for.
տպագրութիւն printing.
զանոնք them.

հնազանդիլ to obey.
յարձակիլ to attack.
կողոպտել to rob.
հաճիլ to please.
ծաղկիլ to flourish.
ժպտիլ to smile.
կարծել[1]) to think, to presume.
շնորհակալ ըլլալ to thank.

Exercise 45.

Անգլիերէն կը խօսի՞ք: Ո՛չ, Տէր, ես իտալերէն կը խօսիմ: Ձեր հայրը ո՞ւր կը բնակի: Հայրս եւ մայրս այս փողոցին մէջ կը բնակին: Աշակերտներ հնազանդելու են իրենց ուսուցիչներուն: Այս աղքատ երիտասարդը կ'աշխատի առանց աղմուկի: Աստղերը կը փայլին կապոյտ երկնակամարին վրայ: Ժամը քանի՞ին պիտի պառկիք: Շատ յոգնած եմ, ժամը ութուկէսին պառկիլ կ'ուզեմ: Ո՞ւր կը նայէիր: Խնձորենւոյն վրայ երգող սարեակին կը նայէի: Նախ խորհէ եւ ապա գործէ՛: Աւազակները յարձակեցան ճամբորդներուն վրայ եւ կողոպտեցին զանոնք: Ի՞նչ կ'ուզէք: Հաճեցէք տալ ինձ թուղթ, մելան եւ գրիչ. Նամակ մը պիտի գրեմ: Կիւթենպերկ հնարեց տպագրութիւնը 1436ին:

Translation 46.

Our teacher speaks four languages. Good children obey (to) their parents. When the general commands, the soldiers are to obey. The sciences flourished in Italy in the 17th century. Crusoe lived on a desert island. The child looked at its mother and smiled. The brother and sister were good, they obeyed (to) their parents and worked. That boy has learnt the Spanish language in a short time. When did you buy

---

[1]) *Կարծեմ* *I think*, sometimes takes the prefix կը, anp sometimes not. Կը *կարծեմ* expresses an opinion with rather more confidence than *կարծեմ*.

that picture? I think (that) I bought it two years ago. We thought (that) you were in Paris. Will you drink a glass of beer? No, thank you, for I have drunk a glass of wine.

Twenty-Sixth Lesson.

Third Conjugation (Ե ր ր ո ր դ Լ ծ ո ր դ ո ւ թ ի ւ ն).

Indicative Mood (Սահմանական Եղանակ).

Present Tense (Ներկայ Ժամանակ).

Singular (Եզակի).	*Plural* (Յոգնակի).
կը խաղամ I play.	կը խաղանք we play.
" խաղաս thou playest.	" խաղաք you play.
" խաղայ he plays.	" խաղան they play.

Imperfect (Անկատար).

կը խաղայի I played.	կը խաղայինք we played.
" խաղայիր thou playedst.	" խաղայիք you played.
" խաղար he played.	" խաղային they played.

Perfect (Կատարեալ).

խաղացի I played.	խաղացինք we played.
խաղացիր thou playedst.	խաղացիք you played.
խաղաց he played.	խաղացին they played.

Future (Ապառնի).

պիտի խաղամ I shall play.	պիտի խաղանք we shall play.
" խաղաս thou wilt play.	" խաղաք you will play.
" խաղայ he will play.	" խաղան they " play.

First Conditional (Թէական Ապառնի).

պիտի խաղայի I should play.	պիտի խաղայինք we should play.
" խաղայիր thou wouldst play.	" խաղայիք you would play.
" խաղար he would play.	" խաղային they " play.

Imperative Mood (Հրամայական Եղանակ).

Թող խաղամ *let me* play.	խաղանք *let us* play.
խաղա՛ play (thou).	խաղացէ՛ք play (you).
Թող խաղայ *let him* play.	Թող խաղան *let them* play.

Subjunctive Mood (Ստորադասական Եղանակ).

որ խաղամ *that* I	play.	որ խաղանք *that* we	play.
„ խաղաս „ thou		„ խաղաք „ you	
„ խաղայ „ he		„ խաղան „ they	

Imperfect (Անկատար).

որ խաղայի *that* I should	play.	որ խաղայինք *that* we should	play.
„ խաղայիր „ thou wouldst		„ խաղայիք „ you would	
„ խաղար *that* he would		„ խաղային „ they „	

Participles (Ընդունելութիւններ).

(*Present*) Ներկայ՝ խաղացող playing.
(*Past*) Անցեալ՝ խաղացած played.
(*Future*) Ապառնի՝ խաղալու to or about to play.

Conjugate in the same manner:

կարդալ to read.	խնդալ to laugh.
լողալ to swim.	յուսալ to hope.
աղալ to grind.	լուալ (pron. լըւալ) to wash.
շողալ to twinkle.	ջանալ to try, to endeavour.
հազալ to cough.	գոռալ to roar.

Remark.

Verbs in ալ preserve ա throughout all the Moods. The *present* and *past participles* generally take an additional syllable derived from the form of the Perfect (կատարեալ), as: կարդացող or կարդացեր, կարդացած. The *Passive Voice* (see less. 32) also exhibits this additional syllable.

Words.

խոհարար cook.	ծիծաղելի ridiculous.
աղօրիք mill.	ունապարծ vain.
աղօրէպան or ջաղացպան miller.	այլանդակ queer.
	կատաղի raging.

խաւար darkness.
ճակատամարտ battle.
թնդանօթ cannon.
լուացարարուհի washer-woman.
ճերմակեղէն linens.
օճառ soap. *մուրացիկ* beggar.
սրահ drawing-room.
արմտիք (pron. *արմըտիք*) corn.
խրկել to send.
փարատել dispel.
հիւսել to knit.
մուրալ to beg.
մէկ կողմէն միւսը across.
չունէր he had no . . .
թէեւ though.

Exercise 47.

Ի՞նչ կը կարդաս: Պրայէնդի բանաստեղծական գործերը կը կարդամ: Անկլեզ պատմութիւնը կարդացած եմ: Խոհարարը սուրճը աղա՞ց: Այո՛: Ինչո՞ւ խնդացիր: Այդ ւնապարծ երիտասարդին այլանդակ ձեւերուն վրայ խնդացի: Պայծառ աստղեր, փայլեցէք, շողացէք եւ փարատեցէք գիշերուան խաւարը: Հիւանդը կը հազար: Ճակատամարտը կատաղի էր. թնդանօթները կը գոռային: Լուացարարուհին ի՞նչ պիտի լուար: Ճերմակեղէններս պիտի լուար, բայց օճառ չունէր. սպասաւորը խրկեցի որ երկու քաշ օճառ գնէ: Հաւատա՛, յուսա՛, սիրէ՛:

Translation 48.

Do you believe in (to) God? I am a Christian, Sir, and every Christian believes in (to) God. Why is this girl laughing? She is laughing at the ridiculous manners of that vain lady. What was he reading? He was reading the poetical works of Longfellow. His sisters were knitting their stockings in the drawing-room. In Lord Byron's letter to his mother, we read that he swam across (of) the Dardanelles. What does the miller grind? He has ground the corn. That beggar begs bread. Alice will try to learn her lesson, though it be very difficult.

Twenty-Seventh Lesson.

The negative forms of the verbs.

The *negative* of the Present and Imperfect Indicative is formed by prefixing the negative of the auxiliary verb[1]) to the Infinitive by changing its final լ into ր. In the 3ᵈ pers. sing. of the Present the է before a verb beginning with a consonant is changed into ի. Ex.:

Present Tense.

Singular.		*Plural.*	
չեմ գործեր	I am not working	չենք գործեր	we are not working
չես „	thou art „ „	չէք „	you „ „
չի „	he is „ „	չեն „	they „ „

Imperfect.

չէի գործեր	I was not working	չէինք գործեր	we were not working
չէիր „	thou wast not „	չէիք „	you „ „
չէր „	he was „	չէին „	they „ „

The negative prefix of the remaining tenses is չ. Ex.:

Perf. չգործեցի, չգործեցիր, չգործեց, etc. I did not work, etc.

Fut. պիտի չգործեմ, պիտի չգործես, etc. I shall not work, etc.

In tenses formed by a *participle* and the *auxiliary* the negative prefix չ is attached to the auxiliary and not to the participle. Ex.:

Pret. Perf. գործած չեմ, գործած չես, etc. I have not worked, etc.

Plup. գործած չէի, գործած չէիր, etc. I had not worked, etc.

Second Fut. գործած պիտի չըլլամ, etc. I shall have not worked, etc.

The negative particle for the 2ᵈ pers. of the Imperative is not չ but մի՛. The form of the verb in that person sing. is derived from the Infinitive by changing its final լ into ր, and the Plur. from the 2ᵈ pers. of the Present Indicative *without* կը. Ex.:

Singular.

1ˢᵗ pers. թո՛ղ չգործեմ let me not work.
2ᵈ „ մի՛ գործեր do not (thou) „
3ᵈ „ թո՛ղ չգործէ let him not „

[1]) See lesson 13, Remark 2.

Plural.

1st pers. չգործե՛նք let us not work.
2d „ մի՛ գործէք do not (you) work.
3d „ թո՛ղ չգործեն let them not work.

Words.

մածուն clotted milk.	գոցել to shut.
սեր cream.	ատել to hate.
կալուած estate.	մերժել to reject.
դերձակ tailor.	վճարել to pay.
վերարկու coat.	պատասխանել to answer.
չար evil.	նետել to throw.
բաւական enough.	վախնալ to fear.
նախընտրել to prefer.	գովել to praise.
կթել to milk.	բանալ to open.
կոտրել to break.	ցուրտ է it is cold.

Exercise 49.

Մածուն չէ՞ք սիրեր: Ո՛չ, չեմ սիրեր. ես կը նախընտրեմ սերը: Սպասուհին կովը կթե՞ց: Ո՛չ, չի կթեց. ան պիտի կթէր այծը, եթէ դուք կթած չըլլայիք զայն: Ո՞վ կոտրեց գաւազանս: Ես չկոտրեցի զայն. կարծեմ Վահէ կոտրեց: Դուռը մի՛ գոցեր. պատուհանը գոցէ: Դուռը մի բանաք. ցուրտ է: Ինչո՞ւ կը խնդայ: Չի խնդար. կը ժպտի: Մի՛ ատէք ձեր թշնամիները: Չենք մերժեր այդ պատուէրը. պիտի չատենք մեր թշնամիները: Դերձակը պիտի չկարէ վերարկուդ, քանզի չի յուսար որ վճարես դրամը: Ինչո՞ւ ռուսերէն չէք խօսիր: Քանզի չեմ գիտեր այդ լեզուն: Մի՛ սիրէք չարը. ատեցէք զայն:

Translation 50.

Will you not buy an estate in Greece? No, I shall not buy an estate in Greece, I have bought a house in Constantinople. If he is rich, why does he not pay his debts? Let us not judge. Why did she not answer the letter of the mother? Because (վասն զի) she had no letter-paper [in] the house. Children, do not play with my watch. Do not throw stones at (to) the bird's nest. Let us not fear, but (let us) hope in (to) God. Does the teacher praise the pupils? No, he does not praise them (*զանոնք*); they are not studious.

Twenty-Eighth Lesson.

Pronouns.

The Armenian *pronouns* (*Դերանուն*) are divided into *five* classes, viz.: 1. *personal*, 2. *demonstrative*, 3. *possessive*, 4. *relative*, 5. *indefinite* pronouns.

Declension of the personal (ԱՆՁՆԱԿԱՆ) *pronouns.*

1st *person* (Ա. Դէմք).

	Singular (Եզակի).	*Plural* (Յոգնակի).
Nom.	*ես* I.	*մենք* we.
Acc.	*զիս* me.	*մեզ* or *զմեզ*[1]) us.
Gen.	*իմ* or *իմին* of me.	*մեր* or *մերին* of us.
Dat.	*ինծ* or *ինծի* to me.	*մեզ* or *մեզի* to us.
Abl.	*ինձմէ* or *ինէ* from me.	*մեզմէ* or *մենէ* from us.
Inst.	*ինձմով* with me.	*մեզմով* with us.

2d *person* (Բ. Դէմք).

Nom.	*դուն* thou.	*դուք* you.
Acc.	*քեզ* or *զքեզ* thee.	*ձեզ* or *զձեզ* you.
Gen.	*քու* or *քուկին* of thee.	*ձեր* or *ձերին* of you.
Dat.	*քեզ* or *քեզի* to thee.	*ձեզ* or *ձեզի* to you.
Abl.	*քեզմէ* or *քենէ* from thee.	*ձեզմէ* from you.
Inst.	*քեզմով* with thee.	*ձեզմով* with you.

3d *person* (Գ. Դէմք).

Nom.	*ինք*; *ան* or *անիկա* he, she, it.	*իրենք*; *անոնք* they.
Acc.	*զինք*; *զայն* or *զանիկա* him, &c.	*զիրենք*; *զանոնք* them.

[1]) Զ before a pronoun beginning with a consonant is pronounced ըզ.

Gen. իր or իրեն; անոր of him, &c.	իրենց; անոնց of them.
Dat. իրեն; անոր to him, &c.	իրենց; անոնց to them.
Abl. իրմէ; անկէ from him, &c.	իրենցմէ; անոնցմէ from them.
Inst. իրմով; անով with him, &c.	իրենցմով; անոնցմով with them.

Remarks.

1. The *second person plural* is employed (for both sing. and plur., like *you*), as in English. Ex.: Ի՞նչպէս էք, how are you? աղէկ եմ or ենք, I am or we are well.

2. The *second person singular* is usual among the common people. It is also used by near *relatives* and intimate friends. Ex.: Հայրի՛կ, կը սիրե՞ս զիս, papa, do you (dost thou) love me? Ինչո՞ւ տխուր ես, սիրելի՛ս, why are you (art thou) sad, my dear?

3. The English *it* (ան)[1]), when referring neither to a person nor to a thing, is omitted in Armenian, as: *it* is true, ճշմարիտ է; *it* is cold, ցուրտ է: who is it? ո՞վ է; *it* is I, you, they, ես եմ, դուք էք, անոնք են:

Words.

հովանոց umbrella.	կանչել to call.
հիւրանոց parlour.	նմանիլ to resemble.
բարեւ compliment.	ճանչնալ to know.
ցնցուղ watering-pot.	ընթրել to sup.
ելակ strawberry.	բախել to knock.
նուշ almond. կոթ handle.	ծեծել to beat.
մտերիմ intimate.	ոռոգել to water.
անօթի hungry.	մսիլ to be cold.
ծարաւ or -ի thirsty.	պաշտել to adore.

Exercise 51.

Ի՞նչ պիտի գնես: Հովանոց մը պիտի գնեմ կրտսեր քրոջս համար: Յիսուս իրեն կանչեց մանուկները եւ օրհնեց զանոնք: Անիկա ինծի չի նմանիր: Եթէ կ'ուզէք կարդալ այս լրագիրը, ձեզ տամ զայն: Կը ճանչնա՞ք զիս: Ո՛չ, չեմ

[1]) See also the footnote 2) lesson 13.

ճանչնար զձեզ։ Հայրս ձեր հօրը մտերիմ բարեկամն է։ Ո՞ւր են Օննիկ եւ Գեղանոյշ։ Անոնք հիւրանոցն են. իրենց դասերը կը սերտեն։ Ո՞վ կայ անոնց քով։ Անոնցմէ զատ ուրիշ տղայ չիկայ։ Ո՞վ են այս տիկինները։ Մեր բարեկամուհիներն են. Հրաւիրած ենք զանոնք որ մեզ հետ ընթրեն այս իրիկուն։ Ինչո՞ւ ծեծեցիր իրենց շուները։ Քանզի կատղած (mad) էին։ Դուռը կը բաղխեն։ Ո՞վ է։ Ես եմ։ Դո՞ւք էք, Արմէն, Արշամ։ Այո՛, մենք ենք. Հաճեցէք բանալ դուռը։ Բարեւներս ձեզ եւ ձեր սիրելի զաւակներուն։ Ի՞նչ է այս ծաղկին անունը։ Անոր անունն է „մի-մոռնար զիս“։

Translation 52.

Who has the watering-pot? The .gardener has it; he is watering the flowers with it. Dear mamma (մայրիկ), give me some strawberries and almonds. Who is the young lady? She is my sister-in-law; her name is Amelia Vartooni. Do you know that tall man? Yes, he is the bookseller; we have bought these dictionaries and grammars from him. How are you? I am very well, thank you. Is it cold? No, it is not cold. Are you cold, my child? No, I am not cold, dear papa. Are these boys hungry? If they are hungry, give (to) them some bread. They are not hungry, but their father is thirsty. Give (to) him a glass of cold water. Please, give (to) us your axes (կացին); we shall cut some wood with them. There they are, but their handles are broken. God, I love and adore Thee, Thou art my Father and Lord.

Twenty-Ninth Lesson.

Demonstrative (ցուցական) *Pronouns.*

These are:

այս, աս, ասիկա, սոյն[1]) this; այդ, ատ, ատիկա, դոյն[1]) that; այն, ան, անիկա, նոյն[1]) that (referring to an object more distant than այդ, ատ or ատիկա).

---

[1]) This follows the 1st declension and is used only in the *singular*.

The first may serve as an example of the way in which they are declined.

	Singular.	*Plural.*
Nom., Acc.	այս, աս, ասիկա this.	ասոնք these.
Gen., Dat.	ասոր of or to this.	ասոնց of or to these.
Abl.	ասկէ from this	ասոնցմէ from these.
Inst.	ասով with this.	ասոնցմով with these.

Remarks.

1. The English *one*, when following a demonstrative pronoun, is not translated in Armenian, as:

Այս երջանիկ էր, այն՝ ապերջանիկ, This *one* was happy, that *one* unhappy.

2. ինը[1]) *that* and ինները *those* coalesce with the *genitive* of nouns, instead of the English *possessive case*, when the governing noun is not expressed. Ex.:

Յակոբի փեղոյրը նոր է, բայց իր եղբօրինը հին է,
Jacob's hat is new; but his brother's (that of his brother) is old.

Իմ վարդս գեղեցիկ է, բայց Զապէլինը աւելի գեղեցիկ է,
My rose is beautiful; but that of Isabel is more beautiful.

Հօրս ձիերը հոս են. ո՞ւր են վաճառականինները,
Here are my father's horses; where are those of the merchant?

Words.

թղթապանակ pocket-book.
ծկիկ knocker.
պատշգամ balcony.
մանեակ necklace.
սուղ dear.
աժան cheap..
ահաւասիկ here is, — are.
կանթեղ lamp.
պուպրիկ doll.
երշիկ sausage.
նպարավաճառ grocer.
ահաւադիկ or ահաւանիկ there is, — are.
չեմ գիտեր I do not know.
ախորժիլ (with abl.) to like.

---

[1]) When the Genitive ends in a vowel, the ի is dropped, as կակաչինը (not կակաչիինը), that of the tulip.

Exercise 53.

Այս մելանը սեւ է, ան՝ կարմիր։ Այս ձեռնոցները ճերմակ են, ատոնք՝ դեղին։ Ահաւասիկ իմ թղթապանակս. ո՞ւր է ձեր բարեկամինը։ Չեմ գիտեր։ Քրոջս մանեակը ձեր մօրինէն աւելի թանկագին է։ Ասոնք Արմինէին պուպրիկներն են, անոնք՝ Հրանոյշինները։ Այս կանթեղներուն լոյսը աւելի պայծառ է քան անոնցինը, բայց անոնք աւելի սուղ են քան ասոնք։ Ես կը նախընտրեմ հոգւոյն գեղեցկութիւնը քան մարմինինը։ Ես ատոնցմէ կ՚ախորժիմ, անոնցմէ չեմ ախորժիր։ Կարագ ունի՞ք։ Այո՛, ունիմ (some)։ Երկու քաշ պիտի գնեմ անկէ (of it)։ Այս ի՞նչ է։ Խրշիկ է։ Սո՞ւղ է։ Ո՛չ, խիստ աժան է։

Translation 54.

That knocker is bigger than this [one], The balcony of your father's house is larger than my uncle's. These are not their pencils, they are those of John. Here is his umbrella and that of Mary. Have you sold your [own] cows? No, Sir, I have not sold my cows, but those of my aunt. Who has any cheese? The grocer has [some]. Will you buy [some]? Yes, I will buy five pounds of it (անկէ). If you have some good wine, give me a bottle of it.

Thirtieth Lesson.

Possessive (ստացական) *Pronouns.*

These are formed from the *possessive adjectives* իմ or իմին, մեր or մերին, etc., by appending ս, դ, ը, or ն[1]).

Declension of the possessive pronouns.

	Singular.	*Plural..*	
Nom., Ac.	իմս or իմինս,	իմիններս mine.	
Gen., Dat.	իմինիս,	իմիններուս of or to	mine.
Abl.	իմինէս,	իմիններէս from	
Inst.	իմինովս,	իմիններովս with	

[1]) For ը and ն see the lesson 2.

In like manner are declined քուկդ or քուկինդ thine, մերը or մերինը ours, ձերը or ձերինը yours, իրը or իրենը his, hers, its, and իրենցը theirs, the oblique cases being always derived from the dissyllabic forms.

The Relative (յարաբերական) *Pronoun.*

This is որ *who*, *which*, *that*, which is applied equally to persons and things. It is thus declined.

	Singular.	*Plural.*
Nom.	որ,	որոնք who, which.
Ac.	զոր,	զորս, զորոնք whom, which.
Gen.	որուն,	որոնց of whom, of which.
Dat.	որուն,	որոնց to " to "
Abl.	որմէ,	որոնցմէ from whom, from which.
Inst.	որով,	որոնցմով with or by whom, etc.

Remarks.

1. The Relative զոր, զորս or զորոնք *whom*, *which* or *that* is sometimes understood in English, but must always be expressed in Armenian, as:

Here are the books you have ordered, ահաւասիկ գիրքերը զորս ապսպրած էք.

The letter you have written, նամակը զոր գրեցիք.

The gentleman I walked with, պարոնը որուն հետ կը պտտէի.

Note. The same is very often expressed by the *past participle* of the *active verbs*, terminating in -ած, construed with the *genitive* of the noun or pronoun designating the *agent*, and with another noun designating the *object* of a *past action* referred to, as:

Իմ կառուցած տունս (տունը՝ զոր ես կառուցի) մեծ չէ,
The house (which) I built, is not large.

Ձեր տեսած տիկինը (տիկինը՝ զոր տեսաք) հօրաքոյրս է,
The lady (whom) you saw, is my aunt.

2. *Whoever* (or *whosoever* is translated by ով որ, and *whichever* (or *whatever*) by ինչ որ, as:

Ով որ զիս կը սիրէ, *Whoever* love me.

Ինչ որ արդար է, արժանի է գովեստի, Whatever is just deserves praise.

Observe also:

ան՝ որ, ով որ, he, she who or that.
ան՝ որ, ինչ որ, that which, what.
որոնք որ, they, those who or that.

Examples.

Ով որ (ան՝ որ) բարեկամ մը կը գտնէ՝ գանձ մը կը գտնէ,
He who finds a friend, finds a treasure.

Ինչ որ ճշմարիտ է այսօր՝ ճշմարիտ ըլլալու է նաեւ վաղը,
What is true to-day, must also be true to-morrow.

Որոնք որ (անոնք որ) չեն խօսիր ճշմարտութիւնը՝ արժանի չեն վստահութեան,
They who do not speak the truth, deserve no confidence.

Note. The *present participle* is frequently employed as a substitute for the above (R. 2.) forms. Ex.:

Զիս սիրողը (or *ով որ զիս կը սիրէ*), Whoever love me.

Այս պալատը շինող ճարտարապետը (or *ճարտարապետը որ այս պալատը շինեց*), *Հայ մըն է*, The architect who built this palace, is an Armenian.

Words.

թագաւոր—ութ—իւն king*dom*.
թիկնաթոռ arm-chair.
հեծելանիւ bicycle.
կօշկակար shoemaker.
ճառ essay.
ածելի razor.
սափրիչ barber.
բարիք good.
մարդկութիւն humanity.
ժապաւէն ribbon.
հպարտութիւն pride.
դեւ devil.
դուռ gate.
ուղտ camel.
մաքուր clean. *աղտոտ* dirty.
բթամիտ dull. *բութ* blunt.
ճարտար skillful.
անշղթայ chain*less*.
սքանչելի excellent.
խոնաւ damp.
քաղցր, *-աբարոյ*, *ազնիւ* kind.
ներբողել *to* extol.
չորնալ *to* wither.
անիծել *to* curse.
սրբագրել *to* correct.
ածիլել *to* shave.
աճիլ *to* grow.
ծնրադրել *to* kneel.

Exercise 55.

Իմ թաշկինակս մաքուր է, քուկինդ աղտոտ է։ Քուկդ է թագաւորութիւնը։ Բոլոր ազգերը կը ներբողեն իրենց դիւցազնները. մենք ալ կը ներբողենք մերինները։ Քու Թիկնաթոռներդ հիւրանոցն են. ո՞ւր են իրենները։ Չեմ գիտեր։ Իմ աշակերտներս մտացի են, իրենցինները՝ բթամիտ։ Կը ներէք (I beg your pardon), պարո՛ն, իրենցիններն ալ ձերիններուն չափ մտացի են։ Մեր հիւանդանոցին բժիշկները ձերիններէն աւելի ճարտար են։ Անոր հեծելանիւը անշղթայ է եւ քուկինէդ աւելի սուղ։

Ահաւասիկ կօշկակարը որ կարեց ձեր կօշիկները։ Զորցաւ Թզենին զոր անիծեց Յիսուս։ Կարդացած եմ. բոլոր գիրքերը զորս գրած է Հայր Ալիշան։ Դրացիս որմէ ձի մը գնեցիք անցեալ տարի՝ մեռաւ։ Աշակերտը որուն ճառը կը սրբագրէք՝ ծոյլ է։ Ձեր ծախած պարտէզը տեսած եմ։ Նկարչին ինձ ղրկած պատկերները շատ գեղեցիկ են։ Այն սքանչելի պատկերը նկարող Ֆրանսացի գեղարուեստաւորը՝ Յակոբոս Թիսօ (James Tissot) է։ Ածելին որով սափրիչը ածիլեց զիս՝ բութ էր։

Translation 56.

Your coat is old, mine is new. Are these thy shoes? No, they are not mine. His house is small, yours is very large. Is this your umbrella? Yes, but it is not so fine as theirs. Why has your sister bought a new penknife? She has broken hers.

Here are the red ribbons which Miss Arpinaz has bought. Where is the letter you received from your aunt? Here it is. The room in which I sleep (կը քնանամ), is very damp. Is this the exercise which your teacher corrected? Yes, Sir. I have found the keys *with which* the thief has opened (բացած) the doors of the rooms. Where is the pen *with which* I had written (գրած էի) my first letter? It is on the chest of drawers. (The) history praises them who have done (ըրած են) good to humanity. He who is kind and polite, will have (պիտի ունենայ) many friends. What is fine, is not always good. (The) pride is a flower that grows in the devil's garden. (The) man is the only (միակ) animal that laughs and weeps (կուլայ). (The) death is the black camel which kneels at every man's gate.

Thirty-First Lesson.

Indefinite (անորոշ) *Pronouns.*

These are used *without* substantives, whereas the *Indefinite Adjectives* (see lesson 21) are always employed *with* a noun substantive.

They are:

ամէնքը all.
իւրաքանչիւր ոք everybody.
ամէն մէկը each one.
ոչ ոք nobody. եւ ոչ մէկը none.
բան մը, ինչ something, anything.
ոչինչ nothing. ոչ մէկը none.
մարդ or մարդս, մէկը one.
ամէն բան, ամէն ինչ everything.

ոմանք, մէկ քանի some.
շատերը many or — a man.
մէկալը, ուրիշ, միւս other.
ուրիշ մէկը, այլ ոք somebody else.
ուրիշ բան մը, այլ ինչ something else.
նոյնը, միեւնոյնը the same.
երկուքն ալ both.
մին կամ միւսը, ոեւէ մին either.

ո՛չ մին, ո՛չ մին ո՛չ միւսը neither.

Remarks.

1. *One another* or *each other* is expressed in Armenian by իրար or մէկզմէկ, which is declined as follows:

Nom. *wanting.*
Acc. իրար or զիրար; մէկզմէկ one another, each other.
Gen., D. իրարու; մէկմէկու of or to } one another, etc.
Abl. իրարմէ; մէկմէկէ from } one another, etc.
Inst. իրարմով; մէկմէկով with } one another, etc.

2. The *interrogative* (հարցական) *pronouns* are, for persons ո՞վ (pron. օվ) *who?* for things ի՞նչ *what?* The former, which is both singular and plural, is not declined, but takes for its oblique cases those of որ (see less. 30). Ի՞նչ follows the 3d declension (see less. 8). Ո՞ր *which?* is declined like the *relative pronoun* որ (see less. 30).

3. *They* or *people* is expressed either by the 3d pers. plur. Indic. of the *active verb* or by the 3d pers. sing. of the *passive voice* (see less. 32), as:

Կ'ըսեն թէ or կ'ըսուի թէ, they say or people say that.

4. The indefinite pronoun *some*, when referring to a preceding substantive, may be translated in different ways. When it replaces a *sing. noun*, we may say: քիչ մը, հատ մը, մաս մը, կտոր մը; in the *plural*: քանի մը հատ. Frequently, however, it is not expressed at all.

Examples.

Will you have *some* beer? Yes, give me *some*.
Գարեջուր կ'ուզէ՞ք. Այո՛, տուէք ինծի քիչ մը.

Have you *any more* of these cigars?
Այս սիկարներէն քանի մը հատ ալ ունի՞ք.

Yes, I have *some still* (or a few more).
Այո՛, քանի մը հատ ալ ունիմ (or simply ունիմ).

5. The English pronoun *one* (plur. *ones*), after an adjective is translated in Armenian by հատ, as:

I have three dresses, a silk *one* and two woollen *ones*.
Երեք զգեստ ունիմ, հատ մը մետաքսեղէն եւ երկու հատ բրդեղէն.

However, it is not expressed at all when taken in a partitive sense, as:

The tiger and its young *ones*, վագրը եւ իր ձագերը.
The little *ones*, պզտիկները.

Words.

պարոն gentleman.
գին price. մրցանակ prize.
սնտուկ box.
կենդանագիր portrait.
խաղաղութիւն peace.
դեսպանախորհուրդ conference.
կամք will.
ասուի cloth.
ծրար parcel.
ընկեր արարած fellow-creature.
պատուարժան honourable.
պարել *to* dance.
պատահիլ *to* happen.
պարսաւել *to* blame.

Exercise 57.

Ոմանք կը խաղան, ուրիշները կը պարեն եւ կ'երգեն։ Ամեն ոք կ'ուզէ երջանիկ ըլլալ։ Մէկը հարուստ էր, միւսը՝ աղքատ, բայց երկուքն ալ աներջանիկ էին։ Պ. Շահրամ պատուարժան անձ մըն է. ամենքը կը յարգեն զինքը։ Կը ճանչնա՞ք այս մարդիկը։ Ո՛չ, բոլորը չեմ ճանչնար, անոնցմէ մէկ քանին միայն (only) կը ճանչնամ։ Ընկերներէս ոմանք հիւանդ են։ Ճշմարիտ բարեկամներ կը սիրեն (զիրար) եւ կ՚օգնեն իրարու։ Կը ճանչնամ մէկը որ քեզմէ աւելի ուսեալ է։ Ո՞վ է այս պարոնը։ Բոլթուգալցի մըն է։ Ո՞վ են այդ օրիորդները։ Մէկը մեր վարժարանի տնօրէնին դուստրն է, եւ միւսները Ամերիկուհիներ են, զորս չեմ ճանչնար։ Որմէ՞ գնեցիք այս պատկերը։ Ի՞նչ էր գինը։ Որո՞նք են Եւրոպայի ամենամեծ քաղաքները։ Ինչո՞վ բացիք (opened) այդ սըն-տուկը։ Այս բանալիներէն մէկովը։ Որո՞ւն կենդանագիրն է այն։ Բարեկամներէս մէկունն է։ Շահեկան գիրքեր ունի՞ք։ Այո՛, ռուսերէններ եւ սպաներէններ ունիմ։ Այս ձիերէն որո՞նք պիտի ծախէք։ Սեւերը։ Այն աշակերտներէն իւրա-քանչիւրը մրցանակ մը շահեցաւ։ Կ՚ըսեն or կ՚ըսուի թէ խաղաղութեան դեսպանախորհուրդը պիտի գումարուի (will convene) Մայիս 17ին, Լահէյի մէջ։

Translation 58.

Love all, trust (to) a few. Somebody knocks [at] the door, who is [it]? Has the shoemaker sent your shoes? Yes, but there is only one pair, where are the others? Christians ought (պարտին) to help (to) one another. Beneath (ներքեւ or տակ) the sun (Gen.) nothing happens without the will of God. Who has broken the looking-glass? The servant broke it this morning. Whom do you blame? I blame one of (from) my servants. Of (from) whom have you bought this black cloth? To whom do you send this parcel? I send it to the bookseller. Will you have anything? No, thank you, I will have nothing. Which is the highest mountain of Asia? It is Mount Everest. Who knows this merchant? Nobody knows him. Everybody has his [own] faults. With money (դրամ) one (մարդ) can do (կրնայ ընել) much good to one's (իր) fellow-creatures. In this world (աշխարհ) the one is rich, the other poor, and nobody is contented with (from) his [own] fate (բաղդ). We have leather (կաշիէ) gloves and silk ones. Has the count many horses? Yes, he has several, but he lost (կորսնցուց) a fine one yesterday.

Thirty-Second Lesson.

Passive Verbs.

The *Passive* (*կրաւորական*) *voice*, for the verbs of the 1st and 2d conjugations, is formed by changing the terminations of the Infinitive Mood ել and իլ into ուիլ (pron. վիլ) as:

սիրել *to* love; սիրուիլ *to be* loved.
խօսիլ *to* speak; խօսուիլ *to be* spoken.

That of the verbs of the 3d conjugation is obtained from the Pres. Participle (see less. 26, R.) by changing its termination ող into ուիլ, as: կարդալ *to* read; Pres. Part. կարդացող; կարդացուիլ *to be* read. յուսացուիլ *to be* hoped.

Note. When the termination ուիլ is preceded by two consonants (having no euphonic ը, see less. 9, b.), a euphonic ը is inserted in the pronunciation, as:

երգուիլ (pron. երգըուիլ) to be sung; մոռցուիլ (pron. մոռցըուիլ) to be forgotten.

All the *passive verbs* ending in ուիլ follow the *second* conjugation (see less. 25).

The preposition *by*, with the passive voice, is rendered in Armenian by the *ablative case*, as:

Արմէն կը գովուի իր վարժապետէն, Armen is praised *by* his master.

Բոյնը շինուեցաւ թռչունէն, The nest was built *by* the bird.

Words.

պարահանդէս ball.
նուագահանդէս concert.
քսակահատ pick*purse*.
նամակատուն post-office.
օգնութիւն help.
հրովարտակ firman.
արքունիք court.
ժամագործ watchmaker.
խածնել to bite.
մեծարել to esteem.
անարգել to despise.
ձերբակալել to arrest.
կործանել to destroy.
դատապարտել to condemn.
կախել to hang.
հրատարակել to publish.

կատղած mad. վէրք wound.
շողոքորթ flatterer.
արի, քաջ valiant, brave.
կայսերական imperial.
վիրաւորել to wound.
նախատել to offend.
ընդհակառակը on the contrary.
թերեւս perhaps.

Exercise 59.

Ես կը սիրուիմ ծնողքներէս: Այս տղան կատղած շունէ մը խածնուեցաւ: Այն շունը սպաննուելու է (must be killed): Շողոքորթները չեն յարգուիր. ընդհակառակը՝ կ'անարգուին ամէն մարդէ (by everybody): Պ. Ռիկզ (Riggs) կը մեծարուի ամէն մարդէ: Պարահանդէսը հրաւիրուա՞ծ էք: Ո՛չ, պարոն, բայց թերեւս նուագահանդէսը պիտի հրաւիրուիմ այս իրիկուն: Արի զինուորները պիտի վարձատրուին թագաւորէն: Ոսկի ժամացոյցս եւ անոր շղթան գողցուեցան (were stolen) քսակահատէ մը, որ քիչ վերջը ձերբակալուեցաւ: Որմէ՞ գրուեցաւ այս սիրուն ոտանաւորը: Թովմաս Մուրէն գրուած ըլլալու է: Այս նամակները նամակատուն խրկուելու են: Խեղճ (poor) աղջիկը պիտի աղատուէր, եթէ օգնութեան համար աղաղակած ըլլար (if she had cried): Այսօր պիտի կարդացուի կայսերական հրովարտակը:

Translation 60.

This English (անգլիական) history was written by a famous author. The French language is spoken at all the courts of Europe. Carthage (Կարկեթոն) was destroyed by the Romans. The robber was condemned to be hanged. Some new grammars will be published by Mr. Groos. In the last battle 50 soldiers have been killed, and 200 wounded. The wounds of the soldiers were washed by the physicians. If you are virtuous, you will be loved and esteemed by everybody. Who will repair (նորոգել) the old clock? It will be repaired by the watchmaker. Milton's Paradise Lost was translated into Armenian by Father Arsen Pacradooni.

Thirty-Third Lesson.

Impersonal (անդէմ or միադէմ) Verbs.

These are regularly conjugated so far as the *third person singular* is concerned.

Such are:

կ՚անձրեւէ it rains.
կը ձիւնէ it snows.
կարկուտ կը տեղայ it hails.
կը փայլատակէ it lightens.
կ՚որոտայ it thunders.
կը սառի it freezes.
սառը (ice) կը հալի it thaws.
կը մթնէ it gets dark, etc.
բաւ է, կը բաւէ it suffices.
թուի, կը թուի it seems.
կը պատահի it happens.
կ՚ըսեն, կ՚ըսուի they say, it is said.
վայել or — ուչ է it is convenient.
կարելի է it is possible.
հարկ է it is necessary.
պէտք է one must; one wants or needs.

Կայ *there is* is used only in the Present and Imperfect tenses of the Indicative Mood. Unlike other impersonal verbs, it has a plural form, as follows.

Present Sing. կայ *there is*; Plur. կան *there are.*
Imperf. „ կար *there* was; „ կային *there were.*

Words.

ճամբորդութիւն journey.
դղեակ castle.
յանցաւոր guilty.
եթէ ոչ else.
յաճախ often.
պատիժ կրել to suffer.
յաջողիլ to succeed.
կառավարել to govern.
դադրիլ to cease.
մնալ to remain.

Exercise 61.

Կը ձիւնէ՞։ Ո՛չ, չի ձիւներ. կ՚անձրեւէ։ Այս գիշեր որոտալը լսեցի՞ք։ Չէր որոտար, կը փայլատակէր։ Կ՚ըսեն թէ երբեմն տեղեր (in some places) կարկուտ տեղացեր է։ Կը կարծէ՞ք թէ պիտի սառի։ Խիստ ցուրտ է. թուի թէ պիտի սառի։ Պէտք չէ գրել անոր։ Կը թուի թէ քեզի դրամ պէտք էր, եթէ ոչ պիտի չծախէիր տունդ։ Յաճախ կը պատահի որ անմեղները պատիժ կը կրեն յանցաւորներուն տեղ (for)։ Կը յաջողէ՞ք Հայերէն լեզուն սորվելու մէջ (in learning)։ Այո՛, կը յաջողիմ, բայց ժամանակ եւ համբերութիւն պէտք է (needs) ըստ պատշաճի (properly) սորվելու զայն։ Կայ Աստուած մը, որ իմաստութեամբ (wisely) կը կառավարէ ամէնը։

Translation 62.

It froze this morning, and now it thaws. It ceases to thunder and it begins (կը սկսի) to rain. It is too cold to-day; it is better to remain at home (տունը). There were 8 pupils in that class. Is there any ink in my inkstand? No, there is no ink in it. It is said that the American soldiers have won the battle. There are many streets in Marsovan which are very narrow (նեղ) and dirty. One (մարդուս) needs (պէտք է) much money to make (ընելու) this journey. I do not think that there can be (կրնայ ըլլալ) a more beautiful old castle in the world than that of Heidelberg.

Thirty-Fourth Lesson.

Irregular (անկանոն) *Verbs.*

Those verbs are commonly called *irregular* which deviate from the three *regular* conjugations. These are not numerous, and their anomalies are chiefly confined to the Perfect Indicative (see page 21, footnote 1), the Imperative and the Present and Past Participles.

This deviation is of two kinds.

1. Verbs which preserve their *radical* syllable throughout unchanged, but drop the letter ն or ւ of the Infinitive and take flexions that do not accord with the ending of their Infinitive. For instance the verb պագնել *to kiss,* ending in նել ought to take the flexions of the *first* conjugation (սիրել). But this is not the case. Such verbs constitute the *first class.*

2. A certain number of verbs change their *root* and are conjugated with other flexions than those corresponding with the ending of their Infinitive. For

instance the verb դնել *to put*, ought, according to its Infinitive termination ել, to take the flexions of սիրել. But this is not the case, as: Pres. կը դնեմ I put; Perf. դրի, դրիր, դրաւ; Imper. դիր, etc. Verbs of this kind we assign to the *second class.*

A list of all the Irregular Verbs
according
to the two Classes *of irregularity.*

First Class.

Infinitive.	*Perfect Indicative.*	*Imp.*	*Pres. P.* *Past P.*
Գտնել to find,	Գտայ, գտար, գտաւ, գտանք, գտաք, գտան,	Գտիր, մի գտներ, գտէք, մի գտնէք,	Գտնող, Գտած.

In the same manner: մտնել to enter, ելնել to rise, իջնել to descend, հեծնել to ride, տեսնել to see (Imper. տես).

Առնել to take.	Առի, առիր, առաւ, առինք, առիք, առին,	Առ, մի առներ, առէք, մի առնէք,	Առնող, Առած.

Thus also: խածնել to bite, պագնել to kiss, թքնել to spit. (Imper. թուք, մի թքներ).

Մեռնիլ to die,	Մեռայ, մեռար, մեռաւ, մեռանք, մեռաք, մեռան,	Մեռիր, մի մեռնիր. մեռիք, մի մեռնիք,	Մեռնող, Մեռած.

Thus: հասնիլ to arrive, to reach, փախչիլ to flee, դպչիլ touch, թռչիլ to fly, փլչիլ to be pulled down, փակչիլ to cleave to, կպչիլ to adhere, անցնիլ to pass, բուսնիլ to sprout, to grow, հագնիլ to put on, ծնանիլ to bear (a child), սկսիլ to begin (Imper. սկսէ), պրծիլ to get rid of, to slink, փրթիլ to snap, to break, նստիլ to sit down.

Մոռնալ to forget,	Մոռցայ, մոռցար, մոռցաւ, մոռցանք, մոռցաք, մոռցան,	Մոռցիր, մի մոռնար, մոռցէք, մի մոռնաք.	Մոռցող, Մոռցած.

Thus: բարկանալ to be angry, ճանչնալ to know (to be acquainted with), գիտնալ to know (to recognize), կենալ to stay, հասկնալ to understand, ամչնալ to be ashamed, խոստանալ to promise, կրնալ to be able, առնալ to get, to receive.

Note. By adding նալ, անալ or ենալ to almost any adjective and also to a certain number of nouns a verb may be formed, signifying to acquire the quality expressed by the adjective or noun. Ex.: տաք warm, տաքնալ to be warm; բարձր high, բարձրանալ to be elevated; գող thief, գողնալ to steal; վախ fear, վախնալ to fear, to be afraid; մերձ or մօտ near, մերձենալ or մօտենալ to come or to go near. All the verbs of this kind are conjugated after մնալ.

Exercise 63.

Ի՞նչ գտար։ Ես գիրք մը գտայ, մայրս ալ մկրատ մը գտաւ։ Յիսուս ըսաւ (said) հիւանդին. "Ելի՛ր, ա՛ռ մահիճդ (bed) եւ քալէ՛ (walk)„։ Գողերը մեր տունը մտան եւ գողցան քրոջս գոհարեղէնները (jewelry) եւ փախան, բայց ոստիկանները (police-man) հասան եւ ետ (back) առին զանոնք։ Երիտասարդը վայրի (wild) ձի մը հեծաւ։ Սոկրատ ըսած է. „Ճանչցի՛ր զքեզ"։ Երբ Աղեքսանդր գիտցաւ թէ սպաննած էր իր բարեկամը՝ Կլիթոսը՝ շատ վշտացաւ (grieved)։ Սկսա՞ք կօշիկս շինելու։ Այո՛, սկսայ եւ շինեցի ալ. առէ՛ք եւ հագէ՛ք զայն։ Ո՞րչափ (how long) կեցաք (in) Բարիզ։ Ամիս մը կեցայ հոն. հօրաքոյրս եւ մօրաքոյրս երկու տարի կեցան։ Շունը մօտեցաւ ինծի եւ խածաւ զիս։ Մի՛ մոռնար զիս։ Հասկցա՞ն ինչ որ (what) ըսի (I said)։ Այո՛, հասկցան, բայց ամչցան պատասխանելու։ Դեղձանիկը ո՞ւր թռաւ։ Չեմ գիտեր, բայց ծիծեռնիկները (swallow) թռան (գնացին . . . away) տաք երկիրներ։ Ճանչցա՞ր այն պարոնը։ Չճանչցայ զանիկա։ Որմէ՞ ստացաք այդ նամակը։ Պ. Յուլիոս Կրոսէն ստացայ զայն։ Յովսէփ հարիւր տասը տարեկան էր երբ մեռաւ։ Մայրս բազկաթոռի (arm-chair) մը վրայ նստաւ։ Նստի՛ր, նստէ՛ք (sit down)։ Մի՛ թքներ տախտակամածին (floor) վրայ. թքամանին (spitoon) մէջ թո՛ւք։ Հրանոյշ պագաւ իր պուպրիկին այտերը։ Մեր փողոցին մէջ քանի մը հին տուներ փլան երկրաշարժէն (earthquake)։ Անցան օրերս երջանկութեան։

Thirty-Fifth Lesson.

Irregular-Verbs. Second Class.

Infinitive.	*Perfect Indicative.*	*Imper.*	*Pres. P.*	*Past P.*
Բերել to bring,	Բերի, բերիր, բերաւ, բերինք, բերիք, բերին,	Բե՛ր, մի բերեր, բերէ՛ք, մի բերէք,	Բերող,	Բերած.
Դնել to put,	Դրի, դրիր, դրաւ, դրինք, դրիք, դրին,	Դի՛ր, մի դներ, դրէ՛ք, մի դնէք,	Դնող,	Դրած.
Զարնել to strike, to shoot, to hit,	Զարկի, զարկիր, զարկաւ, զարկինք, զարկիք, զարկին,	Զա՛րկ, մի զարներ, զարկէ՛ք, մի զարնէք,	Զարնող,	Զարկած.
Ընել to do,	Ըրի, ըրիր, ըրաւ, ըրինք, ըրիք, ըրին,	Ըրէ՛, մի ըներ, ըրէք, մի ընէք,	Ընող,	Ըրած.
Ըսել to say,	Ըսի, ըսիր, ըսաւ, ըսինք, ըսիք, ըսին,	Ըսէ՛, մի ըսեր, ըսէք, մի ըսէք,	Ըսող,	Ըսած.
Ուտել to eat,	Կերայ, կերար, կերաւ, կերանք, կերաք, կերան,	Կե՛ր, մի ուտեր, կերէ՛ք, մի ուտէք,	Ուտող,	Կերած.
Տանիլ to carry,	Տարի, տարիր, տարաւ, տարինք, տարիք, տարին,	Տա՛ր, մի տանիր, տարէ՛ք, մի տանիք,	Տանող,	Տարած.
Գալ to come,	Եկայ, եկար, եկաւ, եկանք, եկաք, եկան,	Եկո՛ւր or Ե՛կ, մի գար, եկէ՛ք, մի գաք,	Եկող,	Եկած.
Լալ to weep, to cry,	Լացի, լացիր, լացաւ, լացինք, լացիք, լացին,	Լա՛ց, մի լար, լացէ՛ք, մի լաք,	Լացող,	Լացած.

Infinitive.	*Perfect Indicative.*	*Imper.*	*Pres. P.*	*Past P.*
Տալ to give,	Տուի (տըւի), տուիր, տուաւ,	Տո՛ւր, մի՛ տար,	Տուող,	Տուած.
	տուինք, տուիք, տուին,	տուէ՛ք, մի՛ տաք,		
Բանալ to open,	Բացի, բացիր, բացաւ,	Բա՛ց, մի՛ բանար,	Բացող,	Բացած.
	բացինք, բացիք, բացին,	բացէ՛ք, մի՛ բանաք,		
Դառնալ to turn,	Դարձայ, դարձար, դարձաւ,	Դարձի՛ր, մի՛ դառնար,	Դարձող,	Դարձած.
	դարձանք, դարձաք, դարձան,	դարձէ՛ք, մի՛ դառնաք,		
Երթալ to go,	Գացի, գացիր, գնաց,	Գնա՛, մի՛ երթար,	Գացող,	Գացած.
	գացինք, գացիք, գացին,	գացէ՛ք, մի՛ երթաք,		
Իյնալ to fall,	Ինկայ, ինկար, ինկաւ,	Ինկի՛ր, մի՛ իյնար,	Իյնող,	Ինկած.
	ինկանք, ինկաք, ինկան,	ինկէ՛ք, մի՛ իյնաք,		
Մնալ to remain,	Մնացի, մնացիր, մնաց,	Մնացի՛ր, մի՛ մնար,	Մնացող,	Մնացած.
	մնացինք, մնացիք, մնացին,	մնացէ՛ք, մի՛ մնաք,		
Թողուլ or Թողել to leave, to let,	Թողուցի, թողուցիր, թողուց,	Թո՛ղ, մի՛ թողուր,	Թողող,	Թողած.
	թողուցինք, թողուցիք, թողուցին,	թողէ՛ք, մի՛ թողուք,		

Remark.

The Passive of գնել is գրուիլ, of տալ՝ տրուիլ, of տանիլ՝ տարուիլ. ընել has no proper passive, but ըլլալ is employed instead in the sense of *to be done.*

Exercise 64.

Եւ երբոր իրիկուն եղաւ, իր աշակերտները (disciple) իրեն եկան ու ըսին, Աս անապատ տեղ մըն է, եւ ժամանակը ուշ (late) ացած է. արձակէ՛ (send away) ժողովուրդները (multitude), որ գիւղերը երթան ու իրենց կերակուր (victuals) գնեն։ Եւ Յիսուս ըսաւ, Հարկ չէ որ անոնք երթան, դո՛ւք տուէք անոնց որ ուտեն։ Անոնք ալ ըսին անոր, Հոս միայն հինգ նկանակ (loaf) եւ երկու ձուկ ունինք։ Ու անիկա ըսաւ, Հոս ինծի՛ բերէք զանոնք։ Եւ հրամայեց որ ժողովուրդները նստին խոտին վրայ. եւ առաւ հինգ նկանակն ու երկու ձուկը, եւ դէպ ի երկինքը նայելով (looking up to . . .) օրհնեց, եւ կտրելով (breaking), նկանակները աշակերտներուն տուաւ, եւ աշակերտները ժողովուրդին։ Եւ ամէնքը (all) կերան ու կշտացան (were filled)։ Matt. XIV. 15—20։ Եւ քանի որ (as) անոնք կ'ուտէին, Յիսուս հաց առաւ՝ օրհնեց ու կտրեց, եւ տուաւ իր աշակերտներուն ու ըսաւ, Առէք, կերէք, աս է իմ մարմինս։ Matt. XXVI. 26: Եւ Յիսուս դա՛րձաւ անոնց ու ըսաւ, Ո՛վ Երուսաղէմի դուստրներ, իմ վրաս (for me) մի՛ լաք, հապա (but) լացէք ձեր անձերուն ու ձեր զաւակներուն վրայ։ Ինչու որ (for) ահա (behold) օրեր կու գան՝ որոնց մէջ պիտի ըսեն, Երանի (blessed are) ամուլ (barren) ներուն, եւ այն որովայն- (womb) ներուն որ չծնան, եւ ծիծերուն (pap) որ կաթ չտուին (to give suck)։ Այն ատենը (then) պիտի սկսին ըսել լեռներուն, Մեր վրայ ինկէք, ու բլուրներուն, ծածկեցէք զմեզ։ Luke XXIII. 28—30։

Թռչունը վանդակէն փախաւ, թռաւ եւ թառեցաւ (perch) խնձորենիոյն ճիւղին վրայ, բայց եղբայրս՝ որ վարժ (expert) նշանառու (shot) մըն է, զարկաւ զայն։ Դաւիթ ղարկաւ հսկան (giant)։ Հեգ (poor) մայրը լացաւ իր սիրելի որդւոյն վրայ (for)։ „Թողուցինք զայն իր փառքին հետ առանձին“։ Այս պնակը (plate) սեղանին վրայ դիր։

Thirty-Sixth Lesson.

Adverbs (մակբայներ).

1. Primitive (բուն) Adverbs.

a) Adverbs of place (տեղական մակբայներ).

Ո՞ւր where? wither?
ուստի՞ց, ո՞ւրկէ whence?
հոս here, hither.
հոն there, thither.
ասկից, ասկէ hence.
անկից, անկէ thence.
ամէն տեղ, ամէն ուրեք everywhere.
ուրիշ տեղ, այլ ուրեք elsewhere.
ետ back. ետ ետ backward.
վարը below, beneath.
վար down. դէպ ի վար downward.
վեր up, դէպ ի վեր upward.
միասին, մէկ տեղ together.
տուն home. տունը at home.
հեռու, -ն far.
ետեւը behind. ետեւէն from behind.
առջեւը, առջեւէն before.
շուրջը, բոլորը around.
ոչ մէկ տեղ, ոչ ուրեք nowhere.
որեւիցէ տեղ մը somewhere.
մինչեւ ո՞ւր, ո՞րչափ տեղ how far?
կիցը, close by.
քովը aside by.
անդին, մէկալ կողմը, yonder.
յառաջ on, along.
դէպ ի յառաջ onward.
մօտ, — ը near.
ասդին անդին to and fro.
հոս հոն here and there.
մէջը, ներսը within, inside.
դուրս, դուրսը without, outside.
վերը above, up stairs.
վարը below, down stairs.
վրայ, վրայէն over.
ներքեւը, տակը underneath.
դիմացը opposite, face to face.

b) Adverbs of time (ժամանակական մակբայներ).

Ե՞րբ when?
ո՞րչափ ատեն how long?
հիմա, now, at present.
երէկ yesterday.
կանուխ early.
ուշ late.
ուշ կամ կանուխ soon or late.
ետքէն afterwards.

երէկ չէ առջի օրը the day before yesterday.
այսօր to-day.
վաղը to-morrow.
վաղ առաւօտ to-morrow morning.
ամէն օր daily.
անցեալ օր the other day.
յաջորդ օրը next day.
հետեւեալ օրը the following day.
օր մը one day.
վերջապէս at last, at length.
արդէն already.
մինչեւ till.
յաճախ often, frequently.
քիչ անգամ seldom.
դեռ yet; դեռ չ. . . not yet.
միշտ always.
դարձեալ again.
նոյն միջոցին meanwhile.
վերջերս lately.
օրընդմէջ every other day.
իսկոյն instantly.
անմիջապէս immediately, at once.
մերթ, երբեմն sometimes.
հետզհետէ by and by.
այսուհետեւ hereafter, henceforth.
յանկարծ suddenly.
առաջ before.
ետքը after.
բնաւ, ոչ երբեք never.
կէս օրին at noon.
այս գիշեր to-night.
հերու, անցեալ տարի last year.
շատոնց long ago, long since.
տակաւին still.

Words.

որսապահ gamekeeper.
սրճարան coffee-house.
ճամբայ ելլել to set out.
կայան station.
անգամ time.
ատենօք formerly.
փնտռել to seek, to look for.
աջ կողմը *right.*
ձախ կողմը *left.*
պտտիլ or պտոյտ մը ընել to take a walk.
սպասել to expect.
խոնարհել to conjugate.
դիտմամբ on purpose.
դիպուածով by accident.

Exercise 65.

Որսապահը ե՞րբ պիտի գայ։ Վաղը։ Ձեր հայրը ո՞ւր կը բնակի։ Հոս մօտը կը բնակի։ Վաղը հետս կը ճաշէ՞ք։ Ո՛չ, չեմ կրնար. բայց վաղը չէ միւս օրը կ՚ընթրեմ ձեր հետ։ Ե՞րբ տուն եկար։ Ես արդէն տունն էի. հայրս կէս գիշերին տուն եկաւ։ Կոմսուհին մեռաւ հետեւեալ օրը։ Ես անցեալ օր տեսայ զանիկա։ Հիմա քիչ անգամ կը գրեմ, առաջ յաճախ կը գրէի։ Վաղը առաւօտ տունը պիտի ըլլա՞ք։ Ո՛չ, երէկ չէ առջի օրը տունն էի, եւ մինչեւ յառաջիկայ (ne t) *ուրբաթ տունը պիտի չըլլամ։ Յաճախ կը խոնարհէ՞ք ան-կանոն բայերը։ Առաջ աւելի յաճախ կը խոնարհէի զանոնք։ Դիտմամբ կոտրեցի՞ք այն պատուհանը։ Ո՛չ, դիպուածով* (it by . . .). *այս առաւօտ եղբայրս եւ ես կը խաղայինք միասին, եւ իմ գնտակս կոտրեց զայն։ Նախ խորհէ՛ եւ ապա խօսէ՛։ Հերու այլուր կը բնակէինք։ Խոզը դուրս ելաւ, էշը ներս մտաւ։ Յիսուս աւազակին ըսաւ, Այսօր իմ հետս դրախտին մէջ պիտի ըլլաս։ Կեանքը ծաղիկ. մըն է, ուշ կամ կանուխ պիտի թառամի։ Այսուհետեւ միշտ փութաջան պիտի ըլլամ։ Վերջերս տեսա՞ք մեր բարեկամը։ Այո՛, անց-եալ օր Սամսոն տեսայ զինքը. կը յուսամ թէ քիչ վերջը* (very soon) *դարձեալ պիտի տեսնեմ զանիկա։ Ո՞ւրկէ եկաւ այդ նամակը։ Հայտելպերկէն եկաւ։ Ջերմն* (fever) *օրընդ-մէջ կու գայ։*

Translation 66.

Where is my stick? You will find it there in the corner (*անկիւն*). I beg your pardon, it is not there; it must be elsewhere. Did you seek it? Yes, I have sought it everywhere, but I could find it nowhere. This house is very pretty outside, but inside it is not so pretty. Is your father up stairs? No, sir, he is down stairs. Must I go to the right or (*թէ*) to the left? Go to the right; that road is shorter. We often take a walk. My cousin has (is) at length departed. Formerly my neighbour was rich, now he is poor. This is the first time that I am (*կը գտնուիմ*) [in] Paris. Where is my niece? She is not here; she is elsewhere. How far did you go yesterday? I went as far as (*մինչեւ*) the station. Carry all that (*այդ բոլորը*) up stairs. That village is not so far; do you see it yonder? Where is my Armenian Grammar? I have left it somewhere. Is Edward here? No, he is below. I hope that you will dine with us to-morrow. We expected him the day before yesterday. When will you set out? To-morrow or the day after to-morrow. He is more frequently at the coffee-house than at home. We will always be satisfied with our fate. Shall you soon come back? Yes, immediately. I am seldom alone.

Thirty-Seventh Lesson.

c) Adverbs of quantity (քանակական) *& comparison* (բաղդատական).

միայն only, but. պէս as.
ապա թէ ոչ otherwise.
իբր about. գրեթէ almost, nearly.
կէսը, կիսով չափ by half.
քիչ little. քիչ մը a little.
խիստ very. շատ much.
որչափ how much?
քանի՞ how many?
իբր թէ as if, as it were.
նմանապէս also, likewise.
այսպէս, ուրեմն thus.
բոլորովին quite.
աւելի կամ նուազ more (or) less.

բաւական enough.
ըստ բաւականի sufficiently.
այնպէս, այնչափ so.
գոնէ, առ նուազն at least.
առ առաւելն at most.
մեծապէս greatly.
գլխաւորաբար chiefly.
մանաւորապէս especially.
հիմնովին, ամբողջապէս thoroughly.
մանաւանդ above all.
յաւէտ, մանաւանդ rather.
այնքան so many.
այնչափ so much.

d) Adverbs of affirmation (հաստատական), *doubt* (տարակուսական), *and negation* (բացասական).

այո՛ yes. իրօք really.
անշուշտ, հարկաւ of course.
արդարեւ, իրապէս in fact.
յիրաւի, իրօք indeed.
կամաւ, սիրով willingly.
ստոյգ, ապահովապէս surely.
ճշմարիտ, իրօք truly.
անտարակոյս undoubtedly.
թերեւս perhaps.
դժուարաւ hardly. հազիւ scarcely.
հաւանականաբար probably.
արդեօք I wonder.

ստուգիւ certainly.
ըստ երեւոյթին seemingly.
ոչ no, չ . . . not.
ամենեւին, չ . . . not at all, by no means.
ոչ իսկ not even.
ոչ միայն not only.
ոչ եւս, ա՛լ չ . . . no more.
ոչ երբեք never, բնաւ nowise.
ի զուր, զուր տեղը in vain.
ոչ ալ nor.
ակամայ unwillingly.
ընդհակառակը on the contrary.

e) Adverbs[1] *of order* (դասական).

ատոր վրայ thereupon.
յետոյ, անկէ վերջը afterwards.
փոփոխակի by turns, alternately.

[1]) For the *numeral adverbs* see less. 20, R 3.

ասկէ զատ besides.
այն ատեն, յետոյ then.
անգամ մըն ալ once again, once more.
յաջորդաբար successively.
նախ at first, in the first place.
վերջապէս at last.

Words.

օտարական stranger.
ագարակ farm.
հետի on foot.
աժան cheap.
ուսմունք study.
միտք mind.
լակոնական laconic.
զարմանալ to be surprised.
արժել to cost.
լմցնել, աւարտել to finish.
վերցնել to lift.

Excrcise 67.

Բարգէն կը յառաջանայ (is improving), մասնաւո-րապէս անգլիերէնի մէջ: Տղան գրեթէ մեռած էր: Ի՞նչպէս կը գտնէք այս գինին: Խիստ աղէկ կը գտնեմ զայն: Ո՞րչափ կ'արժէ: Շիշը հինգ դահեկան: Դուք չափազանց (too) քիչ կ'ուտէք: Ես բաւական կերած եմ: Ո՞ւր է Հայկազուն: Թերեւս պարտէզն է: Ի զուր փնտռեցի զայն: Այդ մարդը երբեք տեսած չեմ: Հաւանականաբար օտարական մըն է: Ձեր ագարակը քաղաքէն հեռու չէ, մենք յաճախ հետի կ'երթանք հոն: Առ առաւելն չորս սխալ ունիք ձեր թարգ-մանութեանը մէջ: Քեզ քանի՞ կանգուն ասուի պէտք է: Առ նուազն վեց կանգուն: Պ. Վարդան խիստ լակոնական մարդ մըն է. այո՛ կամ ո՛չ կը պատասխանէ միշտ: Երբեք չէմ զարմանար ձեր այսպէս ըսելուն (at your saying so): Ուր կամք (will) կայ, հոն ճամբայ կայ:

Translation 68.

That little girl is beautiful indeed. He will by no means succeed. In Marsovan grapes and red wine are cheap. Formerly there were many princes in Italy; now there is only a king there. George is at the most 20 years old and has (is) already finished his studies. We went there by turns. Will you come to-morrow evening? I would rather come the day after to-morrow. Miss Alice would undoubtedly have written more politely (*քաղաքավար կերպով*), if you had given her time enough. I shall certainly punish that lazy boy; perhaps he will then learn better. When the body is sick, the mind is so likewise. Lift up your eyes and admire (*հիացէք*) (on) the beautiful sky.

Thirty-Eighth Lesson.

2. Derivative (ածանցեալ) Adverbs.

a) *Adjectives* are used as *qualifying* (*որակական*) *adverbs* without changing their form, as:

գեղեցիկ beautifully, *անյոյս* hopelessly, *շատ* much, *քիչ* little, etc.

b) *Nouns* in the Instrumental case, as:

ուրախութեամբ gladly, *իմաստութեամբ* wisely, *սրտով* heartily, *սիրով* willingly, *դիտմամբ* intentionally, etc.

c) *Nouns* repeated, as:

խումբ խումբ in crowds, *կաթիլ կաթիլ* in drops, *տեղ տեղ* in some places, *քաղաք քաղաք* from city to city, etc.

d) *Nouns* with their Ablative, as:

ծառէ ծառ from tree to tree, *տունէ տուն* from house to house, etc.

e) *Infinitives* (as Gerunds) in the Instrumental case, with or without the negative prefix, as:

ուզելով with pleasure, *չգիտնալով* ignorantly, etc.

f) *Nouns* and *adjectives* are formed into *adverbs* by the addition of *աբար*, *ապէս*, *օրէն* and *ակի*, as:

ա) *քաջ* bold, *քաջաբար* bold*ly*; *յիմար* foolish, *յիմարաբար* foolish*ly*; *բարեկամաբար* in a friendly manner; *իշխանաբար* in a princely manner, etc.

բ) *մեծապէս* great*ly*; *դառնապէս* bitter*ly*; *յայտնի* evident, *յայտնապէս* evident*ly*, etc.

գ) *զուարթօրէն* gay*ly*; *առատօրէն* richly, etc.

դ) *յանկարծակի* sudden*ly*; *ուղիղ* direct, *ուղղակի* direct*ly*; *թեթեւակի* light*ly*, etc.

g) Besides these, there are many *adverbial locutions* of which we will mention only a few.

Such are:

բերնուց, գոց by heart.
ի զուր in vain.
խառնիխուռն pell-mell
առ այժմ for the present.
իսպառ to the end, entirely.
վերիվերոյ, հարեւանցի superficially.
կանխաւ beforehand.
տակաւ gradually.
մերթ ընդ մերթ, երբեմն երբեմն — sometimes, at times, now & then.
լռելեայն tacitly.
մէկէն ի մէկ at once, etc.

Remark.

Adverbs form their degrees of comparison like adjectives, as: դիւրաւ or դիւրին easily, աւելի դիւրաւ more easily, etc.

Words.

պարգեւ gift.
առաջարկ offer, proposal.
հարստութիւն fortune.
բարօրութիւն welfare.
դաշնակ piano.
փոթորիկ (thunder)storm.
բեւեռ pole.
արագ fast, swiftly.
կամաց slow, -ly.
շուտ, շուտով quickly.
անոյշ sweet, -ly.
մաքուր neat, -ly. ծանր gravely.
համարձակ free, -ly, frank, -ly.
խոստովանիլ to confess.
բաշխել to distribute.
ընդունիլ to accept.
հալածել to persecute.
պարապիլ, զբաղիլ to be occupied with.
ելլել to get up.
դժբաղդաբար unfortunately.
խարխափելով gropingly.
վեհանձնաբար generously.
յաւիտեան eternally.
հանապազ constantly.
ճշդիւ, կէտ առ կէտ punctually.
մեղմ gentle, gently.
լիովին fully. կիսովին half.
խոնարհաբար humbly.
Մնամ I remain. Ձերդ Yours.
խորին յարգանօք most respectfully.
պերճաբանօրէն, պերճօրէն eloquently.
հիանալի կերպով admirably
համոզել to convince.
գծագրել to draw.
զարնել, ածել to play.
վարուիլ to deal with.
պատերազմիլ, կռուիլ to fight.
սփռել, հռչակել to spread.

Exercise 69.

Արագ վազէ. կամաց մի քալեր: Շուտով եկուր: Երանուհի անոյշ կ'երգէ: Պիլլայի հրահանգը մաքուր գրուած է։ Մաննիկ ծանր հիւանդ է։ Համարձակ խոստովանեցէք ձեր թերութիւնները։ Աստուած իմաստութեամբ բաշխած է իր պարգեւները։ Ուրախութեամբ կ՚ընդունիմ ձեր առաջարկը։ Դժբաղդաբար կորսնցուցինք (lost) մեր բոլոր հարըստութիւնը։ Սպասաւորը առատօրէն վարձատրուեցաւ։ „Եւ քաղաքէ քաղաք պիտի հալածէք զանոնք“։ Կոյրը խարխափելով դուռը կը փնտռէր։ Կայսրը վեհանձնաբար ներեց իր թշնամիներուն։ Ներսէս Շնորհալւոյ (Nerses the Graceful) անունը պիտի ապրի յաւիտեան։ Հենրիկոս Դ. իր հպատակներուն բարօրութեանը կը պարապէր հանապազ։ Եթէ հաւատարմապէս կատարէք (fulfill) ձեր պարտականութիւնները, պիտի մեծարուիք ամեն մարդէ։ Ճշդիւ պահեցէք (observe) օրէնքները։ Շիտակ or ուղղակի նամակատուն գնա՛ եւ լրագիրները (newspapers) բե՛ր։ Ինչո՞ւ կանուխ չէք ելլեր։ Այս առտու (this morning) եղբօրմէս աւելի կանուխ ելայ։ Աւելի աղէկ է մերժել անոր առաջարկը։ Էշերը ձիերէն աւելի կամաց կը քալեն (go)։

Translation 70.

Speak more gently to the child. They are fully convinced that you have done wrong (անիրաւած էք). We humbly begged (from) your uncle to pardon (to) us. We generally (ընդհանրապէս) conclude (կ՚աւարտենք) our Armenian letters; dear Sir, Yours sincerely, or I remain, Sir, Yours most respectfully. Come nearer. The little girl draws very well; she draws better than her sister. Bishop Papken has spoken very eloquently. Miss Alice plays the piano admirably. Fulfill your duties punctually. The thunderstorm came suddenly. Deal well with your enemies. Clean your boots very well, then bring them directly (to) my room. Nobody is constantly fortunate (բարեբաղդ) in this world. The house was half burnt (այրած). „And he went out, and wept bitterly“. The wounded (վիրաւոր) soldier fought bravely. „And spread the truth from pole to pole“. (The) times will surely change.

Thirty-Ninth Lesson.

Conjunctions (շաղկապներ).

The *conjunctions* most frequently used in Armenian are the following:

եւ, ու and.
նաեւ also. ալ too.
բայց, այլ, սակայն but.
կամ, թէ or. ոչ ալ nor.
եթէ, թէ որ if.
թէ՛ ... թէ՛ both ... and.
կա՛մ ... կա՛մ either ... or.
վասն զի, քանզի, ինչու որ because, for. քան թէ than.
որպէս զի in order that.
սակայն եւ այնպէս however, nevertheless.
որովհետեւ, քանի որ since.
մինչ, մինչդեռ while, whereas.
թէ ինչու why.
ո՛չ ... ո՛չ neither ... nor.
իսկ even. այլ եւ but also.
ինչպէս, որպէս as.
չըլլայ թէ, զի մի գուցէ lest.
այսպէս so. այնպէս որ so that.
թէ չ ..., բայց. միայն թէ except, unless.
որ that. ապա թէ ոչ, else, otherwise.
երբ, երբոր when, as.
թէեւ, թէպէտ though.
ուստի therefore.
հետեւաբար consequently.
նմանապէս, նոյնպէս ալ so, likewise.
ուրեմն, արդ then.
մինչեւ որ till, until.
ցորչափ, որչափ որ as long as.

Words.

եղեգ reed.
դպրոցակից school-fellow.
դաստիարակութիւն education.
Ճենացի Chinese.
ցփոխ (pron. ցըփ-ոխ) shawl.
գործ, զբաղում profession.
հանդարտօրէն quiet*ly*.
անծանօթ unknown.
փառասէր ambitious.
խրատել, խորհուրդ տալ to advise.
ծռիլ to bend. խորշիլ to shun.
ամուսնանալ to marry.
շարժիլ to move.
թրջիլ to become wet.
արգիլել to forbid.
դատ բանալ to enter an action against.
վատնել to waste.
որոշել to fix.

Exercise 71.

Պատուէ՛ հայրդ եւ մայրդ։ Ոսկին ու արծաթը մետաղներ են։ Եղէգը կը ծռի, բայց չի կոտրիր։ Եթէ կ'ուզէք (will) երջանիկ ըլլալ, սիրեցէք առաքինութիւնը եւ խորշեցէք մոլութենէն: Եթէ Աստուած չշինէ տունը, ի զուր կ'աշխատին (labour) զայն շինողները (who build it): Մենք ոչ միայն թագաւորը՝ այլ եւ թագուհին ու իշխանուհին տեսանք: Անիկա երբեք պիտի չսովրի, քանի որ ծոյլ է: Դպրոցակիցներէս ոմանք (some) հիւանդ են, հետեւաբար պիտի չկրնան դպրոց գալ: Ո՛չ զինքը կը ճանչնամ ոչ իր կինը: Տունը մնալու եմ, քանզի հիւանդ եմ: Հովանոց մը առ, ապա թէ ոչ պիտի թրջիս: Շուտով պիտի մեկնիմ (set off), սակայն եւ այնպէս չեմ կրնար օրը որոշել: Այս օրիորդը կամ պիտի պարէ կամ պիտի երգէ: Միշտ պատերազմներ պիտի ըլլան ցորչափ փառասէր են մարդիկ: Չեմ գիտեր թէ ինչու չգրեց ինծի: Պ. Արշամ կ'ըսէ [թէ] պիտի չամուսնանայ մինչեւ որ գործ մը ունենայ (he has): Հարսը թէ՛ դեռատի (young) է թէ՛ գեղանի: Եւ սակայն (yet) կը շարժի:

Translation 72.

Carelessness and idleness are the causes of misfortune. If I had had (ունեցած ըլլայի) faithful friends, I should not be in this condition. He waited quietly till his friend returned. Why do you not eat meat? Because (the) meat is forbidden to me. I stayed [in] Boston, as long as I had [any] money. Either you will pay (to) me, or I shall enter an action against you. Although he has no fortune, yet he has given (տուած է) a good education to his children. You will be happy, when you are doing your duty. The Chinese neither drink milk, nor do they eat butter or cheese. It is very cold this morning, therefore I should advise you to take a shawl. Your brother has been [at] London, so have I; but he cannot go [to] New-York this year, nor can we. Printing was unknown when Homer wrote the Iliad (Եղիական). Do not waste your time, for (the) life is made of it.

Fortieth Lesson.

Interjections (Ձայնարկութիւններ).

The principal *interjections* are:

ա՜, է՜ how fine!
ա՜խ, ա՜հ, ա՜յ ah! ո՜հ oh!
աւա՜ղ, ափսո՜ս, վա՜յ alas! woe!
մե՜ղք, եղո՜ւկ what a pity!
երանի՜ թէ, իցի՜ւ թէ oh that! would that...!
հապա՛, ա՛ղէ, ո՛ն on! come on! go on!
զա՜րմանք, զարմանալի՜ strange!
ողջո՜յն hail! տե՛ս lo!
մէկդի՜ away! կեցի՜ր stop!
օգնութի՜ւն help! կրա՜կ կայ fire!
վա՜յ oh dear me!
լո՜ւռ hush! hist!
ո՜ւհ, ամօ՜թ fie! pish!
վա՜յ ձեզ woe unto you!
հէ՜յ, ինծի նայէ՜ holla! holloa!
կորի՛ր, գնա՛ be off! begone!
կեցցէ՛, ապրի՛ hurrah! huzza! long live!
կեցցե՛ս, ապրի՛ս bravo! well done!
քա՜ւ լիցի God forbid.
Տէ՜ր ողորմեա zounds!

Փա՜ռք Աստուծոյ thank God! God be praised!
Տէ՜ր Աստուած, Աստուա՜ծ իմ Good Heavens! My God!

Words.

սիրական darling.
դպիր scribe.
փարիսեցի Pharisee.
կեղծաւոր hypocrite.
մեղաւոր sinner.
բնակարան tabernacle.
ապերախտութիւն ingratitude.
անցաւոր transient, fleeting.
ազատել to save; ազատիլ to be saved.
ժառանգել inherit.

Exercise 73.

Աւա՜ղ անցաւոր փառքիս։ Ո՜ւհ, ի՜նչ տգեղ դէմք (մը)։ Ա՜խ, սիրականս մեռաւ։ Մեղք իր գեղեցկութեանը։ Ո՜հ, տունս այրեցաւ։ Հասէ՛ք, տղայ մը խեղդուած է (is drowned)։ Կեցցէ՛ Անատոլիա գոլէճ։ Վա՜յ ձեզ (unto you)՝ դպիրներ եւ փարիսեցիներ։ Ապրի՜ս, բարի ու հաւատարիմ ծառայ։ Կորի՛ր, կեղծաւոր։ Կեցցէ՛ մեր կայսրը։ Է (well), պա՛րոն, շուտ ըրէ (make haste)։ Տէ՛ր Աստուած, ի՜նչ դժբաղդութիւն (մը)։ Փա՛ռք Աստուծոյ, ազատեցանք։ Մեղաւորները դժոխք պիտի երթան, վա՜յ մեղաւորին։ Երանի՜ (blessed are) հոգիով (in spirit) աղքատներուն, քանզի անոնք պիտի ժառանգեն երկինքի թագաւորութիւնը։ Զարե՛հ, դուն բարի տղայ մըն ես, իցի՜ւ թէ իմ որդիս ըլլայիր։ Օ՛ն, արի՛ զինուորներ, ահա՛ թշնամին։ Հապա՛, ելէ՛ք, երթա՛նք ասկէ։ Վա՜յ, մոռցա՞ր զիս։ Քա՛ւ լիցի, չեմ մոռցած զքեզ։ Ո՜հ, ի՜նչ բուրեղ ծաղիկ (մը)։ Ի՜նչպէս սիրելի (amiable) են քու բնակարաններդ։ Ո՜հ, հա՛յր իմ, հա՛յր իմ, քանի՜ (how) մեծ եղաւ (has been) իմ ապերախտութիւնս։ Ողջո՜յն քեզ, լուսին։ Երկի՜ր, երկի՜ր (land! land!)։ Մեղա՜յ (peccavi!)։

Forty-First Lesson.

Defective (պակասաւոր) *Verbs.*

Verbs whereof some tenses are wanting, are *defective verbs.*

They are the following:

ՈՒՆԻՄ I have, supplied from *ունենալ*[1]) to have.

Pres. *ունիմ, ունիս, ունի; ունինք, ունիք, ունին.*
Imperf. *ունէի, ունէիր, ունէր; ունէինք, ունէիք, ունէին.*
Perf. *ունեցայ, ունեցար, ունեցաւ; ունեցանք, ունեցաք, ունեցան.*
Imper. *ունեցի՛ր, մի՛ ունենար; ունեցէ՛ք, մի՛ ունենաք.*

ԳԻՏԵՄ I know, supplied from *գիտնալ*[1]) to know.

Pres. *գիտեմ, գիտես, գիտէ; գիտենք, գիտէք, գիտեն.*
Imperf. *գիտէի, գիտէիր, գիտէր; գիտէինք, գիտէիք, գիտէին*
Perf. *գիտցայ, գիտցար, գիտցաւ; գիտցանք, գիտցաք, գիտցան.*
Imper. *գիտցի՛ր, մի՛ գիտնար; գիտցէ՛ք, մի՛ գիտնաք.*

ԵՄ or **ԿԱՄ**[2]) I am, supplied from *ըլլալ* to be or to become or *գտնուիլ* to be or to be found, as: I have been in Berlin, *Պերլին գտնուած եմ.*

---

[1]) This verb follows the 3d *conjugation*, excepting the Perfect and Imperative.

[2]) See less. 13.

ԿՐՆԱԼ to be able.

Pres. *կրնամ* I can, *կրնաս*, *կրնայ*; *կրնանք*, *կրնաք*, *կրնան*.
Imperf. *կրնայի*, *կրնայիր*, *կրնար*; *կրնայինք*, *կրնայիք*, *կրնային*.
Perf. *կրցայ*, *կրցար*, *կրցաւ*; *կրցանք*, *կրցաք*, *կրցան*.
Imper. *կրցիր*, *մի՛ կրնար*; *կրցէ՛ք*, *մի՛ կրնաք*.

The Infinitive.

The *Infinitive* is also used substantively, and as such is declined after the 3[d] dec. (see less. 8), both definitely and indefinitely.

Examples.

Ձի հեծնելը եւ պարելը հաճելի մարմնամարզեր են.
Riding and *dancing* are agreeable bodily exercises.

Աւելի երանելի է տալը քան առնելը.
It is more blessed *to give* than *to receive*.

Որդիս անգլիերէն կարդալ կը սորվի.
My son learns *to read* English.

Ձեզ տեսնելու հաճոյքը ունեցայ.
I had the pleasure *of seeing* you.

Ձեր հոն երթալուն չեմ առարկեր.
I do not object *to* your *going* there.

Աշակերտը յունարէն կարդալէն ձանձրացած էր.
The pupil was tired *of* (from) *reading* Greek.

Պատուհանէն ցատկելով ազատեց ինքզինքը.
He saved himself *by jumping* through the window.

The English *accusative* before the Infinitive is changed in Armenian into the *genitive*. Ex.:

Ակումբի մը մէջ բարեկամիս երգելը լսեցի.
I heard *my friend* sing at a party.

But this may be also expressed by changing the Infinitive into a subordinate clause with *որ* or *թէ*, in which the *accusative* appears as *nominative*. Ex.:

Մենք գիտենք անոր արի զօրապետ մը ըլլալը, or.
Մենք գիտենք որ անիկա արի զօրապետ մըն է.

We know *him* to be a valiant general, or as if it were;

We know that *he is* a valiant general.

Կ'ուզեմ որ դուք Մագօլէյի անգլիական պատմութիւնը կարդաք.

I wish *you* to read the history of England by Macaulay.

The Infinitive after *how, what, where* is either changed into a subordinate clause as above, or the pronominal suffixes ս, դ, ը or ն and նիս, նիդ, նին (see less. 16) are to be appended to it. Ex.:

Ինչ ընելս, ինչպէս ընելս եւ ուր երթալս չեմ գիտեր, or *Չեմ գիտեր թէ* or *որ ինչ ընեմ, ինչպէս ընեմ եւ ուր երթամ.*

I do not know what *to do,* how *to do,* and where *to go.*

Words.

գերի slave. *սուրհանդակ* courier.
վիրաբոյժ surgeon.
միտք mind.
թիթեռնիկ butterfly.
ամօթ, նախատինք, shame, disgrace.
առած proverb.
լռութիւն silence.
նկարագիր character.
կիրք passion.
դիտաւորութիւն intention.
դաշնակցութիւն confederation.
վտանգաւոր danger*ous.*
անհաճոյ *un*pleasant.
երախտագէտ, շնորհապարտ grateful.
շարունակ, -աբար continually.
կատարելապէս perfectly.
խելացի clever.
վաղեմի ancient.
վախցնել, ահաբեկել to frighten.
դարմանել (վէրք) to dress.
ջանալ to endeavour.
խափանել, արգիլել to hinder.

Exercise 74.

Չափազանց շատ (too much) *խօսիլը վտանգաւոր է։ Այս մարդոց* (people) *խնդալը* (laughing) *խիստ անհաճոյ է։ Անոր գրիչդ առնելը տեսայ։ Բարիք* (good) *ընել սորվէ։ Աղջկան պարելը տեսա՞ծ էք։ Ո՛չ, բայց անոր երգելը լսած եմ։ Երբ մեր բարեկամները կ'օգնեն մեզ գործելու, պարտինք* (we ought to) *երախտագէտ ըլլալ անոնց։ Վաղը զձեզ տեսնելու հաճոյքը պիտի ունենա՞նք* (shall we have?). *Գերիները՝ գիտնալով թէ ինչ պիտի ըլլար հետեւանքը՝* (knowing what the consequence would be) *փախչելու* (to run off) *փափաք չունէին։ Անիկա մեռնելու* (dying) մօտ էր։ Տղան՝ փոխանակ (instead of) իր դասը սորվելու կը խաղայ շարունակ։ Ձեզ վախցնելու համար այսպէս ըրաւ (he did so)։ Վիրաբուժը սկսաւ դարմանել վէրքը։ Կարդալով (by reading) կը կրթենք (form) մեր միտքը։ Խաղաղութիւնը մեծ զոհողութիւններ (sacrifices) ընելով (by making) ձեռք բերինք (obtained)։ Գեղամ՝ եւ Ալիկ՝ սիրուն թիթեռնիկ մը նշմարելով (perceiving)՝ ջանացին բռնել զայն (to catch it)։ Ով որ (whoever) իր պարտականութիւնը չի կատարեր, արժանի (worthy) չէ մարդ կոչուելու (to be called)։

Translation 75.

To know nothing (*բան չգիտնալը*) is no disgrace, but it is [an] absurdity (*անտեղութիւն*) if a man will know (*կ'ուզէ գիտնալ*) everything. One (*մարդ*) must be prudent in speaking (*խօսելու մէջ*); an old proverb says: speaking is silver, but silence (*լռելը*) [is] gold. Before contracting (*հաստատելէ առաջ*) friendship with a man, one ought to know (*պարտի գիտնալ*) his character perfectly. The desire to appear (*երեւնալու փափաքը*) clever often hinders [one] from becoming so. It is a shame to obey (*անսալ*) [one's] (to) passions. The art of dancing was already known (*ծանօթ*) to the most ancient nations. By working much [at] (the) night, my eyes have grown weak (*տկարացած են*). Napoleon had the intention of uniting (*միացնելու*) all Europe into (under) one great confederation against England. (The) singing delights (*կը զուարճացնէ*) the heart. Hasten to finish (*լմնցնելու*) your letter, for the courier leaves (*կը մեկնի*) in half an hour (*կէս ժամէն*).

Forty-Second Lesson.

The Present Participle.

The *Pres. Participle*[1]), which is derived from all verbs by adding the syllable ող or իղ to the root, is very frequently employed.

---

[1]) See aso less. 26, Remark.

1. It is used as an *adjective* qualifying a substantive. Ex.:

սիրող մայր մը a loving mother.
ծագող արեգակը the rising sun.
լացող մանուկը the weeping child.
համոզիչ ապացոյց մը a convincing proof.
ճնշիչ բեռ մը an oppressive burden.
սփոփիչ խօսքեր consoling words.

Note. The *present participle* terminating in իչ is derived only from *active verbs* in ել, and having lost, in many cases, the nature of both a verb and an adjective, has ussumed that of a substantive designating the *agent* of the action indicated by the verb from which it is derived, as:

Փրկիչ Saviour, Մկրտիչ baptist, Հնարիչ inventor, նկարիչ painter, տպագրիչ printer, սափրիչ barber etc.

2. The *present participle* in ող renders a *relative phrase* formed with *who, which, what* (see. less. 30, R. 2, Note). Ex.:

Թոյն պարունակող շիշ մը or շիշ մը որ թոյն կը պարունակէ.

A bottle containing poison or a bottle *which* contains poison.

Բակը խաղացող տղան or տղան որ բակը կը խաղար.

The boy playing in the yard or the boy *that* played in the yard.

Note. It is also employed *substantively*, and as such, is declined after the first declension.

Առաքինի կին գտնողը՝ գանձ կը գտնէ.

Whoever finds a virtuous wife, finds a treasure etc.

The Past Participle.

1. The *Past Part.* is derived from all verbs by. adding the syllable ած or եր[1]) to the root, as: սիրած or սիրեր loved, խօսած or խօսեր spoken etc.

2. It combined with the auxiliary եմ or ըլլալ serves to form the *compound tenses* of verbs (see less 13, R. 1), as:

---

[1]) See also less 26, R.

գրած եմ or գրեր եմ I have written; գրած or գրեր էի I had written etc.

3. The *past part.* in -ած is also used as an adjective, as:

չորցած ծաղիկ մը a withered flower.
կոտրած գրիչ մը a broken pen.
մեռած մարդ մը a dead man.
աղէկ կահաւորուած տուներ well furnished houses.

Note. The *past part.* terminating in եալ (retained from the Ancient Armenian) is occasionally employed in the same sense, as:

օրհնեալ Փրկիչ blessed Saviour.
ուսեալ տիկին մը a learned lady.
ծաղկեալ քաղաք մը a flourishing city.
անցեալ տարի last year.

4. The *past part.* in -ած renders also a *relative phrase* (see less. 30, R. 1, Note).

Note. It is also employed *substantively*, and as such, follows the first declension, as:

տեսածս what I have seen, տեսածիս of what I have seen etc.

The Future Participle.

1. It is derived from all verbs by adding ելու or -ալու to the root.

2. It is used as an adjective, as:

Խուսափելու վտանգը, The danger *to be avoided.*
Կարդալու գիրք մը, A book *to be read.*
Ուտելու հաց եւ խմելու ջուր, Bread *to eat* and water *to drink.*

3. See less. 24, R. 4. Ex.:

Ձի մը գնելու եմ, *I have to buy* a horse.
Տունը կենալու եմ, *I am to stay* at home.

4. It assumes the nature of a substantive by changing its termination ելու or -ալու into ելիք or -ալիք, as:

Ըսելիք մը ունի՞ք, Have you *anything to say?*
Կարդալիք մը չունիմ, I have *nothing to read.*
"Նոյն ժամուն ձեր խօսելիքը (or ինչ որ պիտի խօսիք) պիտի տրուի ձեզ։"

„It shall be given you in that same hour *what ye shall speak.*“

Words.

մէգ fog. շոգի vapour.
երկիր, գետին earth.
ոտանաւոր, քերթուած poem.
փախստական fugitive.
ասպետ knight.
միջադէպ incident.
քաջալերիչ encouraging.
ցրուել to disperse.
կազմել to form; կազմուիլ to be formed.
ամպ cloud.
զբօսեցուցիչ amusing.
ուսումնարան college.

Exercise 76.

Ծագող արեգակը կը ցրուէ մէգը։ Ամպերը գետնէն բարձրացող (arising) շոգիներէ կը կազմուին։ Գեղեցիկ ոտանաւորներ պարունակող (containing) գիրք մը տեսած եմ։ Մարը մտնող (setting) արեւը կը ցուցնէր (indicated) թէ անօգուտ պիտի ըլլար (it would be) փախստականները հալածելը (pursuing)։ Երկիրը արգասաւորող (fructifying) անձրեւ (rain) մըն էր։ Մտիկ ըրի (I listened) անոր քաջալերիչ խօսքերուն։ Զբօսեցուցիչ (pron. ըզ...) վէպ մը կը կարդամ։ Կեռաս ծախող (selling) կին մը կը տեսնեմ։ Այս նոր քերականութեան տպագրիչն ու հրատարակիչը Պ. Յուլիոս Կրօս (Julius Groos) է։ Ուսուցիչը գոհ է ուսումնարանի ուսանողներէն։ Գրիչը սուրէն աւելի հզօր (mighty) է։ Մեր Փրկիչը Յորդանանի (Jordan) մէջ մկրտուեցաւ Յովհաննէս Մկրտիչէն։ Ասպետը՝ վհատած եւ լքեալ (discouraged and dejected) վերադարձաւ։ Ամենէն աւելի (the most) յարգուած մարդը միշտ ամենալու մարդը չէ։ Յաճախ ամենաուսեալ մարդիկ (people) ամենագէշ գիր (hand) կ'ունենան (write)։ Ամեն՛ մարդու կեանքը միջադէպերու շարայարեալ (continued) շղթայ մըն է։ Ութսուն տարեկան հասակին մէջ (at the age of...) մեռաւ ծերունին՝ սիրուած եւ մեծարուած ամեն մարդէ։ Լուծուելու խնդիրը (the problem to be solved) հաղորդուեցաւ (was communicated) բոլոր ուսանողներուն։ "Ես կերակուր (meat) ունիմ ուտելու (to eat)։ Ես ընելիքս գիտեմ (what to do): "Հովը դիտողը (he that observeth) չկրնար ցանել (sow), եւ ամպերուն նայողը (... regardeth) չկրնար հնձել (reap):,,

Forty-Third Lesson.

Some derivative verbs.

A. A certain number of *active verbs* in ել are formed into *neuter* by changing their termination into իլ. Ex.:

Զսպանակը կը շարժէ (active շարժել) մեքենան.
The spring moves the machine.

Լուսինը կը շարժի (neuter շարժիլ) երկրի շուրջը.
The moon moves round the earth.

Such are: այրել, — իլ to burn, հալել, — իլ to melt, կոտրել, — իլ to break, մարել to put out (the light), մարիլ to go out, etc.

Note. These are not numerous, and follow the 2d conjugation.

B. Neuter verbs are generally formed into *active* by adding to the root ցնել or եցնել, as:

սպասել to wait, սպասցնել to cause to wait.
մեռնիլ to die, մեռցնել to kill.
ապրիլ to live, ապրեցնել to maintain.
քնանալ to sleep, քնացնել to lull asleep, etc.

Note. A few neuter verbs which do not undergo this rule, are supplied by other active verbs, as: մնալ to stay, թողուլ to leave; երթալ to go, ղրկել to send; տեսնել to see, ցուցնել to show; ելլել to rise, հանել or վերցնել to raise, to lift, etc.

C. 1. *Causative verbs* of the 1st and 2d conjugations are derived from *active verbs* by adding ցնել or եցնել, and give the sense of employing another as the *agent* of the action indicated by the verb, as:

սիրել to love, սիրցնել to cause to love.
խօսիլ to speak, խօսեցնել to cause to speak.

2. The *causative* of verbs of the 3d conjugation is formed by changing the termination of the Perf. ցի, ցայ, or այ into ցնել, as:

խնդալ to laugh, Perf. խնդացի, Caus. խնդացնել to make to laugh; կարդալ to read, Perf. կարդացի, Caus. կարդացնել to cause to read, to instruct in reading: մոռնալ to forget, Perf. մոռցայ, Caus. մոռցնել to cause to forget; ուտել to eat, Perf. կերայ, Caus. կերցնել to cause to eat, to feed.

3. Those verbs which do not form *causatives*, supply their place by the various forms of տալ *to give*, here in the sense of *to cause, to make, to have, to let,* with their own Infinitive. Ex.:

Մեքենան գործել տուի, I set the machine at work.

Տուն մը կառուցանել պիտի տամ, I shall have a house built.

Վերարկու մը շինել տուիք, You have a coat made.

Զիս բանտը դնել պիտի տար, He would have me put in prison.

Ձեզ գիտցնել պիտի տամ, I shall let you know (send you word).

Զոյգ մը գուլպայ հիւսել պիտի տամ, I shall have a pair of stockings knit.

Conjugation of active and causative verbs in ցնել.

Pres. կը մեռցնեմ I kill, կը մեռցնես, կը մեռցնէ. կը մեռցը-նենք, կը մեռցնէք, կը մեռցնեն.
Imperf. կը մեռցնէի, կը մեռցնէիր, կը մեռցնէր etc.
Perf. մեռցուցի, մեռցուցիր, մեռցուց. մեռցուցինք, մեռցու-ցիք, մեռցուցին.
Fut. պիտի մեռցնեմ etc.
Cond. պիտի մեռցնէի etc.
Imper. թո՛ղ մեռցնեմ, մեռցո՛ւր, թո՛ղ մեռցնէ.
" մեռցնե՛նք, մեռցուցէ՛ք, թո՛ղ մեռցնեն.

Participles.

Pres. մեռցնող.
Past մեռցուցած.
Fut. մեռցնելու.

D. There is a class of verbs compounded of a noun and a verb, which though written separately, constitute only a kind of compound verb, as:

խնամ տանիլ to take care of,
ճիգ թափել to make efforts,
զանց ընել to omit, to neglect,
գուն գործել to strive etc.

Table of the principal forms of verbs.

Infinitive.	*Perf. Ind.*	*Imper.*	*Pres. Part.*	*Past Part.*
		Verbs terminating in ել.		
Կանչել to call	կանչեցի	կանչէ՛	կանչող	կանչած or կանչեր.
		Causative verbs in ցնել.		
Սեւցնել to blacken	սեւցուցի	սեւցո՛ւր	սեւցնող	սեւցուցած or սեւցուցեր.
		Verbs in ալ *generally.*		
Խնդալ to laugh	խնդացի	խնդա՛	խնդացող	խնդացած or խնդացեր.
		Verbs in նալ.		
Ուրանալ to deny	ուրացայ	ուրացի՛ր	ուրացող	ուրացած or ուրացեր.
		Verbs in իլ *(and նիլ preceded by a vowel).*		
Ապրիլ to live	ապրեցայ	ապրէ՛	ապրող	ապրած or ապրեր.
Խոստովանիլ to confess	խոստովանեցայ	խոստովանէ՛	խոստովանող	խոստովանած etc.
		Verbs in նիլ *preceded by a consonant.*		
Անցնիլ to pass	անցայ	անցի՛ր	անցնող	անցած or անցեր.
Մեռնիլ to die	մեռայ	մեռի՛ր	մեռնող	մեռած or մեռեր.
		Verbs in չիլ.		
Թռչիլ to fly	թռայ	թռի՛ր	թռչող	թռած or թռեր.
Հանգչիլ to repose	հանգչեցայ	հանգչէ՛	հանգչող	հանգչած etc.
		Passive verbs.		
Գրուիլ to be written	գրուեցայ	գրուէ՛	գրուող	գրուած or գրուեր.
Կորսուիլ to be lost	կորսուեցայ	կորսուէ՛	կորսուող	կորսուած etc.

Forty-Fourth Lesson.

Apposition (բացայայտիչ)։

A noun or pronoun used to explain another noun or pronoun is put by *apposition*, as in English, in the same case. Ex.:

Միլտոն՝ անկլիացի բանաստեղծը՝ գրեց Դրախտ կորուսեալը։
Milton, the English *poet*, wrote Paradise Lost.

Note. The *appositive*, when followed by the *principal term* (բացայայտեալ), remains undeclined; as:

Նեղոս (Nile) գետը, Նեղոս գետին, Նեղոս գետէն etc.

The noun *in apposition* may be placed either *before* or *after* the noun with which it is in apposition, as:

Սոկրատ՝ Յոյն իմաստասէրը or Յոյն իմաստասէրը՝ Սոկրատ։
Socrates, the Greek *philosopher*.

Note. Nouns or adjectives as *appositive modifiers* when preceded by the *principal term*, take the definite article ն, as:

Գետն Դանուբ, *the* river Danube.
Մարդասէրն Հօուարդ, Howard, *the* philanthropist.
Մարգարէն Եսայի, Isaiah *the* Prophet.
Մեծն Տիգրան or Տիգրան Մեծ, Tigranes *the* Great.
Շնորհալին Ներսէս or Ներսէս Շնորհալի, Nerses *the* Graceful.

Nouns *in apposition*, especially when modified by other words, are distinguished from the other parts of the sentence by the բութ (՝), as:

Յովսէփ՝ Յակոբի սիրական որդին՝ Իսմայէլացիներուն վաճառուեցաւ։

Joseph, Jacob's favourite son, was sold to the Ishmaelites.

Note. The two nouns are not separated by the բութ if both words have become so closely connected as to form really one noun, as:

Պօղոս առաքեալ or Առաքեալն Պօղոս, Paul the Apostle.
Գրիգոր Լուսաւորիչ or Լուսաւորիչն Գրիգոր, Gregory the Illuminator.

Պետրոս Ճգնաւոր or *Ճգնաւորն Պետրոս*, Peter the Hermit.

Vocative (*Կոչական*).

The *vocative* is the same in form as the nominative. *Vocatives* accent their *last* syllable, as:

Ղազարո՛ս, դուրս ելի՛ր, Lazarus, come forth.

Յուդա՛, համբուրելո՞վ կը մատնես, Judas, betrayest thou with a kiss?

Բժի՛շկ, քու անձդ բժշկէ՛, Physician, heal thyself.

But when a noun in the *vocative* is repeated, or preceded by an *adjective* or by the *interjection ո՛վ* or *ո՛* O, the accent is thrown back on the *last* syllable of the first noun, or on the adjective or interjection, as:

Եւ Տէրը ըսաւ, Սիմո՛ն, Սիմոն, And the Lord said, Simon, Simon.

Բարի՛ վարդապետ, Good Master.

Ողորմէ՛ ինծ, ո՛վ Աստուած, Have mercy upon me, O God.

Vocatives are distinguished from the other parts of the sentence by the comma (*ստորակէտ*) (,), as:

Եթէ ուզես, Տէ՛ր, կրնաս զիս սրբել.
Lord, if thou wilt, thou canst make me clean.

Հա՛յր, քու ձեռքդ կ'աւանդեմ իմ հոգիս.
Father, into thy hands I commend my spirit.

Remarks on Armenian Construction.

In *simple* sentences, the *subject* comes first, secondly the *object*, and thirdly the *verb*, as:

Աստուած սէր է, God is Love.

Ֆուլթօն շոգենաւը հնարեց, Fulton invented the steamboat.

Note. A noun or pronoun in the accusative, governed by an active verb, may be placed either *before* or *after* the verb, but more usually precedes it, as:

Հայրս ձի մը գնեց or *Հայրս գնեց ձի մը.*
My father bought a horse.

Աստուած զմեզ կը սիրէ or *Աստուած կը սիրէ զմեզ.*
God loves us.

Usually, in *complex* sentences, the circumstances of *time* and *place* are first introduced; then comes the *subject;* then the *object;* then the *verb*, and last of all the circumstances of *manner* or *instrument*, as:

Քրիստոսի Ե. դարուն Ս. Մեսրոպ Հայ տառերը կերպաձեւեց.

In the fifth century of Christ, St. Mesrob formed the Armenian letters.

Դատաստանի օրը մեր մարմինները պիտի յառնեն դարձեալ.

Our bodies will rise again in the day of judgment.

Note. This *normal order*, however, may be frequently *inverted* by removing one of the parts of speech from its usual place to the beginning of the sentence, and *vice versa*.

The remaining rules of construction being essentially the same as in English, need no further remark.

Appendix (Յաւելուած).

I. Selection of useful words.

1. Տիեզերք. *The universe.*

Աստուած God.
Արարիչը the Creator.
արարածը the creature.
երկինք heaven, sky.
երկնակամար sky.
աշխարհ world.
արեւ, արեգակ sun.
աստղ star.
մոլորակ planet.
լուսին moon.
վարսաւոր, գիսաւոր comet.
կրակ, հուր fire.
օդ air.
երկիր earth.
ջուր water.
ովկիանոս ocean.
ծով sea.
գետ river.
վտակ brook.
ժայռ, ապառաժ rock.
կղզի island.
լեռ mountain.
բլուր hill.
ձոր, հովիտ valley, dale.
դաշտ field, plain.
անտառ forest.
պուրակ grove.
ճամբայ, պողոտայ way, road.
աւազ sand.
մետաղ metal.
ոսկի gold.
արծաթ silver.
պղինձ copper.
երկաթ iron.
պողպատ steel.
կապար lead.
թիթեղ tin.
ածուխ, հանք —, coal.
փոշի dust.
հանք mine.

2. Տունկեր. *Plants.*

արտ corn-field.
արմտիք corn.
գարի barley.
վարսակ oats.
ալիւր flour.
բրինձ rice.
հաճար rye.
ցորեն wheat.
ծաղիկ flower.
ընդակաղամբ canliflower.
շողգամ turnip.
ստեպղին carrot.

եգիպտացորեն Indian corn.
հմուլ hops.
կանեփ hemp.
քթան flax.
ծխախոտ tobacco.
ծխել to smoke.
բանջար, — եղէն vegetables.
ծնեբեկ asparagus.
շոմին spinage.
կաղամբ cabbage.
կոստիլ potato.
բողկ radish.
հազար lettuce.
աղցան salad.
վարունգ cucumber.
դդում pumpkin.
սոխ onion.
ազատքեղ parsley.
կոտիմ cress.
առուոյտ clover, խոտ grass.

3. Ծառեր եւ պտուղներ. *Trees and fruits.*

ծառ tree.
թուփ shrub.
արմատ root.
բուն or իրան (ծառի) trunk.
ճիւղ branch.
ոստ twig.
տերեւ leaf.
փայտ wood.
կաղնի or խող — oak.
խողկաղին acorn.
փեկոն or աժրի beech.
թզենի fig-tree.
թուզ fig.
սալորենի plum-*tree.*
որթ or — տատունկ vine.
խաղող grape.
մայրի pine.
եղեւին fir-tree.
ցարասի birch.
կաղամախ poplar.
թմբի lime-tree.
ուռենի willow.
խնձորենի[1] apple-*tree.*
կեռասենի cherry-*tree.*
ընկոյզ walnut.
ընկուզենի walnut-tree.
շագանակենի chestnut-*tree.*
խաղարջ currant.
փուշհաղարջ gooseberry.
ժոխենի raspberry-*shrub.*
ելակ strawberry.
դեղձենի peach-*tree.*

4. Չորքոտանիներ. *Quadrupeds.*

կենդանի, անասուն animal.
ընտանի domestic.
ձի horse.
զամբիկ, ճայիկ mare.
մտրուկ filly, colt.
եզ ox.
ցուլ bull.
սկիւռ squirrel.
կատու cat.
հորթ calf.
շուն dog.
կուղբ beaver.
մորթ skin.
կաշի leather.

---

[1] The names of trees and bushes are derived by suffixing ի or ենի to the word indicating their fruit, as:

ծիրան apricot, ծիրանի apricot-*tree*; տանձենի pear-*tree.*

կով cow.
եղջիւր horse.
կինճ, վարազ wild-boar.
եղնիկ stag.
եղջերու deer.
նապաստակ hare.
ճագար rabbit.
խլուրդ mole.
մուկ mouse.
բոսբոլ, առնէտ rat.
բորենի hyena.
փիղ elephant.
ուղտ camel.
յովազ panther.
աւանակ, էշ donkey. ass.
այծ goat.
ոչխար sheep.
խոյ ram.
գառնուկ lamb.
բուրդ wool.
խոզ pig.
աղուէս fox.
գայլ wolf.
արջ bear.
կապիկ ape, monkey.
առիւծ lion.
ընձառիւծ leopard.
վագր tiger.

5. Թռչուններ. *Birds.*

թեւ wing.
փետուր feather.
կտուց beak, bill.
բոյն nest.
Հաւկիթ, ձու egg.
Հաւ hen.
աքաղաղ, աքլոր cock.
բադ duck.
սագ goose.
Հաւբակ poultry-yard.
աղաւնի pigeon.
կարապ swan.
երգեցիկ թռչուն singing-bird.
լորամարգի quail.
արտոյտ lark.
տորդիկ thrush.
սոխակ, բուլբուլ nightingale.
անգղ vulture.
արծիւ eagle.
կտցար wood-cock.
կայտառիկ hedge-sparrow.
խայտիտ finch.
եկքանիկ gold-finch.
դեղձանիկ canary-bird.
կարմրալանջ robin-redbreast.
մեղրածուծ (or կողոպրի) humming-bird.
ճնճղուկ sparrow.
ծիծեռնակ swallow.
կկու cuckoo.
անծեղ jay. կաչաղակ magpie.
կուռաք raven.
բու owl.
սիրամարգ peacock.
փասեան pheasant.
կաքաւ partridge.
աքար snipe.
արագիլ stork.
թութակ parrot.
բազէ falcon.
ջայլամ ostrich.

6. Ձուկեր, սողուններ, միջատներ. *Fishes, reptiles and insects.*

կէտ whale.
թեփ scale.
տառեխ herring.
լոստի salmon.

շանաձուկ shark.
ձուկչիր stock-fish.
ծածան carp.
գայլաձուկ pike.
աղկեր sardine.
ուռկան net.
կարթ fishing-hook.
ձուկ որսալ to fish.
ձկնորս fisherman.
ձկնորսութիւն fishing.
խեչեփառ crab.
ոստրէ oyster.
կարթաձուկ cray-fish.
կրիայ (ցամաքի) tortoise.
կրիայ (ծովու) turtle.
մողէս lizard.
օձ serpent. իժ snake.
որդ worm.
շերամ silk-worm.
կարմրախայտ trout.
օձաձուկ eel.
մետաքս silk.
մրջիւն ant.
սարդ spider.
ոստայն (սարդի) web.
ճպուռ chafer.
թրթուր caterpillar.
թիթեռնիկ butterfly.
դօդօշ toad.
գորտ frog.
տզրուկ leech
մեղու bee.
մեղր honey.
մեղրամոմ wax.
փեթակ hive.
պիծակ wasp.
մարախ grasshopper.
իշամեղու hornet.

7. Մարդ. *Man.*

Հոգի soul.
միտք mind, spirit.
մարմին body.
միս (մարմին) flesh.
մորթ skin.
արիւն blood.
երակ vein.
գլուխ head.
կոպ eyelid.
թարթիչ eyelashes.
քիթ nose.
Հոտոտելիք smell.
այտ cheek.
ականջ ear.
բերան mouth.
ակռայ, ատամն tooth.
լեզու tongue.
ծնօտ chin.
մօրուք beard.
կոկորդ throat.
մազ, հեր hair.
ճակատ forehead.
դիմագիծ features.
դէմք, երես face.
զգայարան sense.
աչք eye.
գործարան organ.
յօնք eyebrows.
աջ ձեռք right hand.
ձախ ձեռք left hand.
մատ finger.
եղունգ nail.
զիստ thigh.
բթամատ thumb.
ծունկ knee.
սրունք leg.
բումք calf of the leg.
ոտք foot. ոտքի մատ toe.
կրունկ heel.
ոսկր or ոսկոր bone.

վիզ, պարանոց, ճիտ neck.
ուս shoulder.
կռնակ back.
կուրծք breast. լանջ chest.
փոր belly.
բազուկ arm.
ձեռք hand.
ջիղ nerve.
մկանունք muscle.
ստամոքս stomach.
թոք lungs.
լեարդ liver.
երիկամունք kidney.
սիրտ heart.

8. Հագուստ. *Clothing.*

զգեստ garment.
դերձակ tailor.
կերպաս, կտաւ cloth.
կրկնոց cloak, mantle.
վերարկու over-coat.
թիկնոց frock-coat.
բաճկոնակ waistcoat.
փողկապ neck-tie.
վարտիք drawers.
անդրավարտիք trowsers.
շապիկ shirt.
դերձակուհի dress-maker.
թաշկինակ pocket-handkerchief.
գուլպայ stocking.
բուրդ wool.
բամպակ cotton.
կար, կարուած stitch.
ծնրակապ garters.
կօշիկ shoe.
հողաթափ slippers.
փեղոյր, գլխարկ hat.
ձեռնոց, թաթպան glove.
ժամացոյց watch.
պատի ժամացոյց clock.
ժամացոյցի շղթայ watch-chain.
հովանոց umbrella.
հովանոցակ parasol.
գդակ cap.
թեզանիք sleeve.
օձիք collar.
կոճակ button. կոճկել to button.
օղակ button-hole.
աստառ lining.
գրպան pocket.
ցփսի shawl.
շրջազգեստ gown, dress.
վտաւակ petticoat.
սեղմիրան stays.
գոգնոց apron.
ժապաւէն ribbon.
գօտի girdle.
ապարանջան bracelet.
զարդասեղ brooch.
մանեակ necklace.
գինտ, օղ ear-ring.
զարդասեղ (մազի) hair pin.
մատանի ring.
խոպոպիք, գանգուր curl.
խոզանակ, վրձին brush.
խոզանակել, վրձինել to brush.
սանտր, — րել, comb, to —.
օծանոյշ pomatum.
ատամնափոշի tooth-powder.
ատամնավրձին tooth-brush.
օճառ soap.
ձեռք լուալու կոնք wash-hand-basin.

9. Ընտանիքը. *The family.*

նախնիք ancestors.
ծնողք parents.
մեծ հայր, հաւ, պապ grandfather.
մեծ մայր, հանի, մամ grandmother.
էրիկ husband.
կնիկ, կին wife.
աներ, կեսրայր father-in-law.
զոքանչ, կեսուր mother-in-law.
մանուկ, տղայ child.
որդի son.
դուստր daughter.
թոռ grand-son.
(աղջիկ) թոռ grand-daughter.
փեսայ son-in-law.
հարս daughter-in-law.
եղբայր brother.
քոյր sister.
աներձագ, տագր brother-in-law.
քենի, տալ sister-in-law.
հայր father.
մայր mother.
հօր՝ մօրեղբայր uncle.
հօր՝ մօրաքոյր aunt.
եղբօրորդի, քեռորդի nephew.
եղբօրաղջիկ, քեռաղջիկ niece.
հօր՝ մօրեղբօրորդի / հօրա՝ մօրաքեռաղջիկ cousin.
մանչ boy.
աղջիկ girl.
(նոր) փեսայ bridegroom.
(նոր) հարս bride.
հարսանիք wedding.
ամուսնութիւն marriage.
այրի մարդ widower.
այրի կին widow.
որբ orphan.
ազգական relative.
բարեկամ friend.

10. Բնակարան. *Dwelling.*

շէնք building.
պալատ palace.
տուն house.
տանիք roof.
ձեղնայարկ loft, garret.
սանդուխ stairs.
գետնայարկ ground-floor.
առաջին դստիկոն or յարկ first-floor.
երկրորդ դստիկոն or յարկ second-floor.
սենեակ room.
վարագոյր curtain.
պատկեր, նկար picture.
կենդանագիր portrait.
ննջասենեակ bed-room.
սրահ drawing-room.
դուռ door.
փականք, կղպանք lock.
բանալի key.
պատուհան window.
տախտակամած floor.
ձեղուն ceiling.
պատ, որմ wall.
զանգակ bell.
տապաստակ mattress.
բարձ pillow.
սաւան sheet.
վերմակ blanket.
օրօրոց cradle.

հայելի looking-glass.
կահկարասիք furniture.
հեշտադարան chest of drawers.
դզրոց drawer
սեղան table.
աթոռ chair.
բազկաթոռ arm-chair.
բազմոց sofa.
կապերտ carpet.
անկողին bed.
յարդանկողին straw-bed.
ցայգասեղան night-table.
ճրագ candle.
վառել to light.
աշտանակ candlestick.
մոմ wax-candle.
բազմակալ snuffers.
լուցկի match.
կանթեղ lamp.
ջերմոց stove.

11. Խոհանոցը. *The kitchen.*

մառան pantry.
խոհարար cook.
բուրակ hearth.
կրակարան fire-place.
ծխնելույզ chimney.
կրակ fire. ծուխ, մուխ smoke.
ածուխ coal. փայտ wood.
մոխիր ashes.
կայծառ, ունելի tongs.
տապակ pan.
տապկել to fry.
սեղանի սփռոց table-cloth.
աղաման salt-*cellar*.
պղպեղաման pepper-*box*.
մանանեխ mustard.
մանանեխաման mustard-pot.
քացախ vinegar.
ձէթ oil.
շիշ bottle.
սրուակ water-bottle.
սափոր pitcher.
դոյլ pail.
շերեփ ladle.
աման dish.
պնակ plate.
դաշխուրան soup-tureen.
աղցանաման salad-*dish*.
դգալ spoon.
պատառաքաղ fork.
դանակ knife.
անձեռոց napkin.
խից cork.
խցան cork-screw.
բաժակ glass.
գաւաթ cup.
շաքարաման sugar-*basin*.
սրճաշռնիճ coffee-pot.
առասատակ tea-kettle.
թէյաման tea-pot.
սկահակալ saucer.

12. Ուտելիք եւ խմելիք. *Food and drink.*

կերակուր victuals, meat.
մնունդ, ուտելիք food.
անօթութիւն hunger.
անօթի hungry.
ծարաւ thirst, — y.
ժում meal.
թուրծ chops.
եզնենի beef.
հորթենի veal.
խոզենի pork.
խոզի ապուխտ bacon.
երշիկ sausage.

նախաճաշ breakfast.
ճաշ dinner.
ընթրիք supper.
հաց bread. ջուր water.
թարմ հաց new bread.
օթեկ հաց stale bread.
միս meat.
արգանակ broth.
խաշած միս boiled-meat.
թան, ապուր soup.
անուշեղէն sweets.
միրգ, պտուղ fruit.
կարագ butter.
մածուն clotted milk.
պանիր cheese.
ըմպելի drink.
գինի wine.
գարեջուր beer.
երէ, որս game.
հաւեղէն poultry.
ձուկ fish.
ձուաղեղ omelet.
բանջարեղէն vegetables.
հաւկիթ, ձու egg.
հերմաճ vermicelli.
աղանդեր dessert.
պղակունդ, քաքար cake.
ծաղ pastry.
ջերմօղի punch.
լիմոնջուր lemonade.
տուրմ, կոլոհատ chocolate.
կաթ milk.
սեր cream.
սուրճ coffee.
թէյ tea.
սուրճ մը առնել to take coffee.

13. Ժամանակ. *Time.*[1]

եղանակ season.
գարուն spring.
ամառ summer.
աշուն autumn.
ձմեռ winter.
տարի year.
վեց ամիս half-year.
ամիս month.
շաբաթ, եօթնեակ week.
շաբաթ մը առաջ a week ago.
օր day. կէսօր noon, mid-day.
իրիկուն evening.
արշալոյս morning-twilight.
վերջալոյս evening-twilight.
հետեւեալ օրը the following day.
ժամ hour.
կէս ժամ half an hour.
քառորդ ժամ quarter of an hour.
վայրկեան minute.
երկվայրկեան second.

Կաղանդ, Նոր Տարի New year's day.
Բարեկենդան Carnival.
Մեծ Պահք Lent.
Ծաղկազարդ Palm-Sunday.
Զատիկ Easter.
Համբարձում Ascension-Day.
Ծնունդ Christmas.
տարեդարձ anniversary.

---

[1] The names of the months and days are given in the 20th lesson.

14. Օդը. *The weather.*

հով wind.
մրրիկ storm.
անձրեւ rain.
ծիածան rain-bow.
ամպ cloud.
որոտում thunder.
փայլակ lightning.
տաք, — ութիւն heat.
ցուրտ cold.
բարեխառնութիւն temperature.
ջերմաչափ thermometer.
աստիճան degree.
եղեամ frost.
սառ ice.
ձիւն snow.
ձիւնի հատիկ snow-flake.
ձիւնագունտ snow-ball.
սահամոյկ, չմուշկ skates.
չմշկել to skate.
բալխիր sled.
կարկուտ hail.
մէգ, մշուշ, fog, mist.
սառնահալք thaw.
ցօղեղեամ hoar-frost.

15. Կրթութիւն. *Instruction.*

համալսարան university.
բանախօսութիւն lecture.
ուսուցիչ professor, teacher.
ուսանող student.
ուսումնարան college.
դպրոց school.
աշակերտ pupil.
հրահանգ exercise.
դաս, համար lesson.
թարգմանութիւն translation.
բառարան dictionary.
քերականութիւն grammar.
քարէ տախտակ slate.
քարէ գրիչ slate-pencil.
մատիտ pencil.
մատիտակալ pencil-case.
գրչակալ pen-holder.
գրատախտակ black-board.
կաւիճ chalk.
սպունգ sponge.
թերթակալ port-folio.
քանակ ruler.
աշխարհացոյց map.
պատճէն, օրինակ copy.
օրինակել to copy.
տետրակ copy-book.
գրատետր writing-book.
գիր writing.
մելան, թանաք ink.
կաղամար, թանաքաման inkstand.
գրիչ pen.
թուղթ paper.
ծծուն թուղթ blotting-paper.
գմելի penknife.
նամակ letter.
տոմս, տոմսակ note, ticket.
նամակաթուղթ note-paper.
հասցէ address.
պահարան envelope.
կնիք seal.
կնքանշխար wafer.
կնքամոմ sealing-wax.
թղթադրոշմ stamp.

16. Արուեստաւորներ. *Artisans.*

դերձակ tailor.
կօշկակար shoemaker.
վաճառական merchant.
գրավաճառ bookseller.
տպագրիչ printer.
սափրիչ barber.
ատաղձագործ joiner.
հիւս carpenter.
հացագործ baker.
մսավաճառ butcher.
լումայափոխ money-changer.
ժամագործ watchmaker.
կառապան coachman.
ջաղացպան miller.
թղթավաճառ stationer.
դարբին lock-smith.
որմնադիր bricklayer.
կազմարար book-binder.
արուեստագէտ artist.
նկարիչ painter.
վիրաբոյժ surgeon.
ատամնաբոյժ dentist.
պղնձագործ coppersmith.
ձկնորս fisher.
բժիշկ physician.
նաւաստի sailor.
ոսկերիչ goldsmith.
մրգավաճառ green-grocer.
նպարավաճառ grocer.
սեղանաւոր banker.

II. Synopsis of the Declensions of Ancient Armenian Nouns.

As the student of modern Armenian will often meet in books with forms of nouns derived from the ancient declensions, it has been thought advisable to append here a synoptical table of the declensions of ancient nouns.

There are *twelve regular declensions.*

First Declension.

	Singular.	*Plural.*
Nom.	բան word.	բանք words.
Gen., Dat.	բանի.	բանից.
Acc.	զբան.[1]	զբանս.
Abl.	ի[2] բանէ.	ի բանից.
Inst.	բանիւ.	բանիւք.

[1] Զ followed by a consonant is pronounced ըզ, but in case the noun begins with a vowel, it forms no separate syllable.

[2] In nouns beginning with a vowel Ի is substituted by Յ.

Second Declension.

	Singular.	*Plural.*
Nom.	քաղաք city.	քաղաքք[1] cities.
Gen., Dat.	քաղաքի.	քաղաքաց.
Acc.	զքաղաք.	զքաղաքս.[2]
Abl.	ի քաղաքէ.	ի քաղաքաց.
Inst.	քաղաքաւ.	քաղաքօք.

Third Declension.

	Singular.	*Plural.*
Nom.	ժամ hour.	ժամք hours.
Gen., Dat.	ժամու.	ժամուց.
Acc.	զժամ.	զժամս.
Abl.	ի ժամէ.	ի ժամուց.
Inst.	ժամու.	ժամուք.

Fourth Declension.

	Singular.	*Plural.*
Nom.	գետ river.	գետք rivers.
Gen., Dat.	գետոյ.	գետոց.
Acc.	զգետ.	զգետս.
Abl.	ի գետոյ.	ի գետոց.
Inst.	գետով.	գետովք.

Fifth Declension.

	Singular.	*Plural.*
Nom.	եկեղեցի church.	եկեղեցիք churches.
Gen., Dat.	եկեղեցւոյ.	եկեղեցեաց.
Acc.	զեկեղեցի.	զեկեղեցիս.
Abl.	յեկեղեցւոյ.	յեկեղեցեաց.
Inst.	եկեղեցեաւ.	եկեղեցեօք.

---

[1] When the formative ք is preceded by գ, կ and ք, an unaccented euphonic ը is inserted in the pronunciation, as: ազգ nation, ազգք (= ազգըք) nations; բանակ army, բանակք (= բանակըք) armies; քաղաք city, քաղաքք (= քաղաքըք) cities.

[2] In case the formative Ս is preceded by any of the consonants, an unaccented euphonic ը is inserted in the pronunciation, as: գետ river, զգետս (= ըզգետըս) rivers (Acc.).

Sixth Declension.

	Singular.	Plural.
Nom.	Փոքր (փոքրր) little (one).	Փոքունք little (ones).
Gen., Dat.	Փոքու.	Փոքունց.
Acc.	զՓոքր.	զՓոքունս.
Abl.	ի Փոքուէ (= փոքվէ).	ի Փոքունց.
Inst.	Փոքու.	Փոքումբք.

Seventh Declension.

	Singular.	Plural.
Nom.	Հիմն (= հիմըն) foundation.	Հիմունք foundations.
Gen., Dat.	Հիման.	Հիմանց.
Acc.	զՀիմն.	զՀիմունս.
Abl.	ի Հիմանէ.	ի Հիմանց.
Inst.	Հիմամբ.	Հիմամբք.

Eighth Declension.

	Singular.	Plural.
Nom.	Գառն (= ...ըն) lamb.	Գառինք lambs.
Gen., Dat.	Գառին.	Գառանց.
Acc.	զԳառն.	զԳառինս.
Abl.	ի Գառանէ.	ի Գառանց.
Inst.	Գառամբ.	Գառամբք.

Ninth Declension.

	Singular.	Plural.
Nom.	Բարութիւն goodness.	Բարութիւնք (goodnesses).
Gen., Dat.	Բարութեան.	Բարութեանց.
Acc.	զԲարութիւն.	զԲարութիւնս.
Abl.	ի Բարութենէ.	ի Բարութեանց.
Inst.	Բարութեամբ.	Բարութեամբք.

Tenth Declension.

	Singular.	Plural.
Nom.	Ոսկր (= ...ըր) bone.	Ոսկերք bones.
Gen., Dat.	Ոսկեր.	Ոսկերց or Ոսկերաց.
Acc.	զՈսկր.	զՈսկերս.
Abl.	յՈսկերէ.	յՈսկերց or յՈսկերաց.
Inst.	Ոսկերբ.	Ոսկերբք or Ոսկերօք.

Eleventh and Twelfth Declensions.

Proper nouns

	of men.	*of women.*
	Singular.	
Nom.	Ադամ Adam.	Արմինէ Armineh.
Gen., Dat.	Ադամայ.	Արմինէայ.
Acc.	զԱդամ.	զԱրմինէ.
Abl.	յԱդամայ.	յԱրմինէայ.
Inst.	Ադամաւ.	Արմինէաւ.

Irregular Declensions.

First Declension.

	Singular.	*Plural.*
Nom.	Այր man.	Արք men.
Gen., Dat.	Առն (= առըն).	Արանց.
Acc.	զԱյր.	զԱրս.
Abl.	յԱռնէ.	յԱրանց.
Inst.	Արամբ.	Արամբք.

Second Declension.

	Singular.	*Plural.*
Nom.	Հայր father.	Հարք fathers.
Gen., Dat.	Հօր.	Հարց.
Acc.	զՀայր.	զՀարս.
Abl.	ի Հօրէ.	ի Հարց.
Inst.	Հարբ.	Հարբք.

Third Declension.

	Singular.	*Plural.*
Nom.	Քոյր sister.	Քորք sisters.
Gen., Dat.	Քեռ.	Քերց.
Acc.	զՔոյր.	զՔորս.
Abl.	ի Քեռէ.	ի Քերց.
Inst.	Քերբ.	Քերբք.

Fourth Declension.

	Singular.	*Plural.*
Nom.	կին woman.	կանայք women.
Gen., Dat.	կնոջ.	կանանց.
Acc.	զկին.	զկանայս.
Abl.	ի կնոջէ.	ի կանանց.
Inst.	կանամբ.	կանամբք.

Fifth Declension.

	Singular.	*Plural.*
Nom.	գիւղ village.	գիւղք villages.
Gen., Dat.	գեղջ.	գիւղից.
Acc.	զգիւղ.	զգիւղս.
Abl.	ի գեղջէ.	ի գիւղից.
Inst.	գիւղիւ.	գիւղիւք.

Sixth Declension.

	Singular.	*Plural.*
Nom.	Օր day.	Աւուրք days.
Gen., Dat.	Աւուր.	Աւուրց.
Acc.	զՕր.	զԱւուրս.
Abl.	յՕրէ.	յԱւուրց.
Inst.	Աւուրբ.	Աւուրբք.

Seventh Declension.

	Singular.	*Plural.*
Nom.	Տիւ (= տիվ) day(-time).	Տիւք day(-time)s.
Gen., Dat.	Տուընջեան.	Տուընջեանց.
Acc.	զՏիւ.	զՏիւս.
Abl.	ի Տուընջենէ.	ի Տուընջեանց.
Inst.	Տուընջեամբ.	Տուընջեամբք.

Eighth Declension.

	Singular.	*Plural.*
Nom.	Արեւելեայ Oriental.	Արեւելեայք Orientals
Gen., Dat.	Արեւելւոյ.	Արեւելեայց.
Acc.	զԱրեւելեայ.	զԱրեւելեայս.
Abl.	յԱրեւելւոյ.	յԱրեւելեայց.
Inst.	Արեւելեաւ.	Արեւելեօք.

III. Phrases for Armenian Conversation.

1.

Salutations.

On meeting in the morning, Բարի լոյս, *Good morning*, the answer to which is Աստուծոյ բարին, *The blessing of God.*

In the middle of the day, Բարեւ ձեզ. The answer is the same as above.

On meeting in the evening, Բարի իրիկուն, *Good evening*. Reply as above.

At parting, the person who leaves says, Մնա՛ք բարով, *Good by, Farewell.* Answer, Բարեաւ or Երթա՛ք բարով.

On separating in the evening, Գիշեր բարի՝ *Good night.* Answer, Քեզ or ձեզ լոյս բարի or Տէր ընդ ձեզ.

Returning after an absence one is greeted with Բարի եկար or եկաք, *Welcome.* Reply, Բարի տեսանք.

Give my compliments... is expressed by Յարգանքներս..., or Բարեւ ըրէ or ըրէք... The person who is to convey them assumes the responsibility by saying Գլխուս վրայ, and acquits himself of it, when he meets the person to whom the greetings are sent, by saying, ...ձեզ բարեւ կ'ընէ or ունի, to which the other replies Շնորհակալ եմ, *Thanks*, or Խրկող բերողը շատ ապրի or ողջ կենայ.

At the beginning of the new year, Շնորհաւո՛ր նոր տարի, *A happy new year.* Answer, Աստուած շատ տարիներու հասցնէ, or Ամէն տարի բարով հասնիք.

At Christmas, Շնորհաւոր ծնունդ, or Քրիստոս ծնաւ եւ յայտնեցաւ. Answer, Օրհնեալ է ծնունդն Քրիստոսի.

At Easter and for forty days after, Քրիստոս յարեաւ ի մեռելոց, *Christ is risen from the dead.* Answer, Օրհնեալ է յարութիւնն Քրիստոսի, *Blessed be the resurrection of Christ.*

2.

Ի՞նչ ունիք.	What have you?
Գիրք մը ունիմ.	I have a book.
Ո՞ր գիրքը ունիք.	What book have you?
Ձեր գիրքը ունիմ.	I have your book.
Գրիչս ունի՞ս.	Hast thou my pen?

Ո՛չ, ես քու գրիչդ չունիմ.	No, I have not thy pen.
Ո՞ր գրիչը ունիս.	What pen hast thou?
Իմ գրիչս ունիմ.	I have my pen.
Իմինս չէ՞.	Is it not mine?
Ո՛չ, քուկինդ չէ.	No, it is not thine.
Քանի՞ մատիտ ունիք.	How many pencils have you?
Երկու մատիտ ունիմ.	I have two pencils.
Ո՞վ դանակ մը ունի.	Who has a knife?
Եղբայրս սուր դանակ մը ունի.	My brother has a sharp knife.
Հայրդ ի՞նչ ունի.	What has thy father.
Անիկա կարմիր ձի մը ունի.	He has a red horse.
Քանի՞ բարեկամ ունիք.	How many friends have you?
Երեք կամ չորս բարեկամ ունիմ.	I have three or four friends.

3.

Հաց ունի՞ք.	Have you any bread?
Այո՛, կտոր մը հաց ունիմ.	Yes, I have a piece of bread.
Հացը աղէ՞կ է.	Is the bread good?
Այո՛, խիստ աղէկ է.	Yes, it is very good.
Կարագ ալ ունի՞ք.	Have you also some butter?
Ո՛չ, կարագ չունիմ.	No, I have no butter.
Կարագ կ'ուզէ՞ք.	Will you have some butter?
Եթէ հաճիք.	If you please.
Այդ փոքրիկ տղան ալ հաց ունի՞.	Has that little boy also any bread?
Ո՛չ, չունի.	No, he has none.
Բաւական հաց ունեցա՞ւ.	Has he had bread enough?
Մեծ կտոր մը ունէր.	He had a large piece.
Պանիրն ալ աղէ՞կ է.	Is the cheese also good.
Աղէկ չեմ գտներ զայն.	I do not find it good.
Կաթ կուզէ՞ք.	Will you have some milk?
Եթէ հաճիք, քիչ մը տուէ՛ք ինձ.	Give me some, if you please.
Ո՞վ կաթ կ'ուզէ.	Who wants some milk?
Տղաքը կաթ կ'ուզեն.	The children want some milk.
Գինի ունի՞ք.	Have you any wine?
Այո՛, ունիմ.	Yes, I have some.

Ի՞նչ տեսակ գինի ունիք։	What kind of wine have you?
Թէ՛ կարմիր եւ թէ՛ ճերմակ գինի ունինք։	We have both red and white wine.
Բաժակ մը գինի կ'ուզէ՞ք։	Will you have a bottle of wine?
Ո՛չ, չեմ ուզեր։	No, I will not.
Գինին աղէկ կը գտնէ՞ք։	Do you find the wine good?
Խիստ աղէկ չէ։	It is not very good.
Գաւաթ մը ջուր կու տա՞ք ինձ։	Will you give me a glass of water?
Ահա գաւաթ մը զով ջուր։	Here is a glass of fresh water.

4.

Ի՞նչ կորսնցուցիք։	What have you lost?
Քսակս կորսնցուցի։	I have lost my purse.
Ո՞վ բան մը կորսնցուց։	Who has lost anything?
Բարեկամս բան մը կորսնցուց։	My friend has lost something.
Ի՞նչ կորսնցուց։	What has he lost?
Իր մատանին կորսնցուց։	He has lost his ring?
Ո՞վ մատանի մը գտաւ։	Who has found a ring?
Այս փոքրիկ տղան մատանի մը գտաւ։	This little boy found a ring.
Ան ձե՞ր մատանին է։	Is that your ring?
Այո՛, իմ մատանիս է։	Yes, that is my ring.
Հովանոցս տեսա՞ծ էք։	Have you seen my umbrella?
Ո՛չ, բայց ձեր հովանոցակը տեսած եմ։	No, but I have seen your parasol.
Ի՞նչ գնեցիք։	What have you bought?
Քիչ մը թուղթ գնեցի։	I have bought *some* paper.
Ի՞նչ տեսակ թուղթ գնեցիք։	What sort of paper have you bought?
Նամակաթուղթ գնեցի։	I have bought *some* letter paper.
Որո՞ւ համար գնեցիր զայն։	For whom have you bought it?
Մօրս համար գնեցի զայն։	I have bought it for my mother.

Ձեր ձին ծախեցի՞ք։	Have you sold your horse?
Այո՛, ծախեցի զայն։	Yes, I have sold it.
Որո՞ւ ծախեցիք ձեր տունը։	To whom have you sold your house?
Մեր տո՞ւնը։ Դեռ չծախեցինք զայն։	Our house? We have not yet sold it.
Ուրեմն ի՞նչ ծախեցիք։	What have you sold then?
Հօրեղբօրս տունը ծախեցի։	I have sold my uncle's house.
Նամակ մը ստացա՞ք։	Have you received a letter?
Այո՛, նամակ մը ստացայ։	Yes, I have received a letter.
Որմէ՞ ստացաք նամակը։	From whom have you received the letter?
Քեռաղջիկէս ստացայ զայն։	I have received it from my niece.

5.

Այսօր տեսա՞ք ձեր բարեկամը։	Did you see your friend to-day?
Ո՛չ, այսօր չտեսայ զայն։	No, I did not see him to-day.
Երէկ տեսա՞ք զայն։	Did you see him yesterday?
Այո՛, երէկ տեսայ զայն։	Yes, I saw him yesterday.
Ո՞վ տեսաւ Եդուարդի ժամացոյցը։	Who saw Edward's watch?
Ես չտեսայ զայն։	I did not see it.
Ոսկի՞ ժամացոյց մըն է։	Is it a gold watch?
Ո՛չ, արծաթ ժամացոյց մըն է։	No, it is a silver watch.
Ժամացոյցի շղթայ մըն ալ ունի՞։	Has he also a watch chain?
Այո՛, ոսկի շղթայ մը ունի։	Yes, he has a gold chain.

6.

Անօթի՞ էք։	Are you hungry?
Այո՛, անօթի եմ։	Yes, I am hungry.
Ծարա՞ւ էք։	Are you thirsty?
Այո՛, ծարաւ ենք։	Yes, we are thirsty.
Իրաւունք ունի՞ք թէ անիրաւ էք։	Are you right or wrong?
Մենք միշտ իրաւունք ունինք։	We are always right.

Ո՞վ անիրաւ էր.	Who was wrong?
Աշակերտը անիրաւ էր.	The pupil was wrong.
Տղաքը անօթի՞ են թէ ծարաւ.	Are the children hungry or thirsty?
Անոնք թէ անօթի են թէ ծարաւ.	They are both hungry and thirsty.
Տակաւին բան մը կերած չե՞ն.	Have they not eaten anything yet?
Կտորիկ մը հաց կերած են.	They have eaten a *small* bit of bread.
Ո՞վ կերաւ խնձորս.	Who has eaten my apple?
Ալիկ կերաւ զայն.	Alice has eaten it.

7.

Կը ճանչնա՞ք այս պարոնը.	Do you know this gentleman?
Ո՛չ, չեմ ճանչնար զանիկա.	No, I do not know him.
Ո՞վ է.	Who is he?
Օտարական մըն է.	He is a foreigner.
Հա՞յ է թէ Յոյն.	Is he an Armenian or a Greek?
Անիկա ո՛չ Հայ է, ո՛չ Յոյն. Իտալացի մըն է.	He is neither Armenian nor Greek; he is an Italian.
Հայերէն կը խօսի՞.	Does he speak Armenian?
Այո՛, լաւ Հայերէն կը խօսի.	Yes, he speaks Armenian well.
Անկլիերէն ալ կը խօսի՞.	Does he also speak English?
Քիչ մը կը խօսի.	He speaks a little.
Օրիո՛րդ, Իտալերէն կը հասկնա՞ք.	Do you understand Italian, Miss?
Այո՛, բայց խօսելու յաջողակութիւնը չունիմ.	Yes, but I have not the facility of speaking it.
Թուրքերէն կը սորվի՞ք կոր.	*Are* you learn*ing* Turkish?
Այո՛, զայն կը սորվիմ կոր.	Yes, I *am* learn*ing* it.

8.

Այսօր ի՞նչ է.	What day is to-day?
Այսօր Երկուշաբթի է.	To-day is Monday.
Որո՞նք են շաբթուան միւս օրերը.	Which are the other days of the week?

Երեքշաբթի, Չորեքշաբթի, Հինգշաբթի, Ուրբաթ, Շաբաթ եւ Կիրակի.	Tuesday, Wednesday, Thursday, Friday, Saturday and Sunday.
Ե՞րբ ժամանեց (or հասաւ) ձեր հօրեղբօրորդին.	When did your cousin arrive?
Անիկա անցեալ Ուրբաթ ժամանեց.	He arrived last Friday.
Ե՞րբ պիտի մեկնի.	When will he go away?
Յառաջիկայ (or գալ) Երեքշաբթի.	Next Tuesday.
Այսօր ամսուն քանի՞ն է.	What day of the month is it to-day?
Այսօր տասնեւվեցն է.	To-day it is the sixteenth.
Երէկ տասնեւչորսը չէ՞ր.	Was it not the fourteenth yesterday?
Ներեցէք, տասնեւհինգն էր.	I beg your pardon, it was the fifteenth.

9.

Ի՞նչպէս քնացաք անցեալ գիշեր.	How did you sleep last night?
Շնորհակալ եմ, խիստ լաւ քնացայ.	Thank you, I slept very well.
Ո՞րչափ քնացաք.	How long did you sleep?
Եօթը ժամ քնացայ.	I slept seven hours.
Դուք ո՞րչափ կը քնանաք.	How long do you sleep?
Սովորաբար ութը ժամ կը քնանամ.	I usually sleep eight hours.
Եղբայրդ կը քնանա՞յ տակաւին.	Is your brother still sleeping?
Կարծեմ ելած է.	I believe that he is up.
Ժամը քանի՞ին կ'ելլէք.	At what o'clock do you get up?
Ձմեռը ժամը եօթին կ'ելլեմ, եւ ամառը ժամը վեցին.	I get up at seven o'clock in winter; and at six o'clock in summer.
Կ'ուզէ՞ք հետս նախաճաշել.	Will you breakfast with me?
Շատ ազնիւ էք. արդէն նախաճաշած եմ.	You are very kind; I have already breakfasted.

10.

Օրերը ե՞րբ ամենաերկայն են.	When are the days longest?
Ամառը, Յունիս ամսուան մէջ.	In summer, in the month of June.
Ո՞րն է տարուան ամենաերկայն օրը.	Which is the longest day in the year?
Յունիս քսաներկուքը.	The 22nd of June.
Ձմեռուան օրերը ի՞նչպէս են.	How are the days in winter?
Կարճ են.	They are short.
Իսկ գիշերները ի՞նչպէս են.	And how are the nights?
Խիստ երկայն են.	They are very long.
Տարուան մէջ քանի՞ ամիս կայ.	How many months are there in a year?
Տարին տասներկու ամիս ունի.	A year has twelve months.
Ամսուան մէջ քանի՞ օր կայ.	How many days are there in a month?
Ամիսներէն ոմանք 30 օր ունին, ուրիշներ՝ 31 օր. Փետրուարը միայն 28 օր ունի.	Some months have 30, others 31 days; February has only 28.

11.

Երէկ Անկլիացին ի՞նչ խոստացաւ ձեզ.	What did the Englishman promise you yesterday?
Խոստացաւ ինծի այցելել զիս այսօր ժամը տասնին.	He promised to call upon me at ten o'clock to-day.
Իր խոստումը պահե՞ց.	Did he keep his promise?
Այո.	Yes, he did.
Ժամը տասնին եկա՞ւ ձեզ.	Was he with you at ten o'clock?
Ճիշդ ժամը տասնին եկաւ.	He came punctually at ten o'clock.
Ի՞նչ ուզեց.	What did he want?
Լոնտոնէն եկած նամակ մը տուաւ ինծի.	He gave me a letter from London.
Նամակը որե–էցէ լուր կը պարունակէ՞ր.	Did the letter contain *any* news?
Այո, երբեմն խիստ կարեւոր լուրեր կը պարունակէր.	Yes, it contained some important news.
Գաղտնի՞ք մըն է.	Is it a secret?
Ո՛չ, եթէ կը փափաքիք, կրնամ ըսել ձեզ.	No, I can tell it to you, if you wish it.

12.

Կը մսի՞ք.	Do you feel cold?
Այո՛, կը մսիմ. ցուրտէն կը դողդղամ.	Yes, I feel cold. I tremble with cold.
Ո՞ւսկից կու գաս.	Where do you come from?
Նուագահանդէսէն կու գամ.	I come from the concert.
Ինչո՞ւ այդքան թրջուած էք.	Why are you so wet?
Անձրեւէն թրջուած եմ.	I have been made wet by the rain.
Կ'անձրեւէ՞ ուրեմն.	Does it rain then?
Ստուգիւ, բաւական սաստիկ կ'անձրեւէ.	Certainly, it rains rather fast.
Հովանոց չունէի՞ք.	Had you no umbrella?
Ո՛չ, հետս չունէի.	No, I had none with me.
Ինչո՞ւ հետերնիդ հատ մը չառիք, երբ տունէն ելաք.	Why did you not take one with you, when you left home?
Երբ տունէն մեկնեցայ, բնաւ անձրեւ չէր տեղար.	When I left home, it did not rain at all.
Ապրիլի մէջ առանց հովանոցի տունէն ելլելու չէ.	In April one should not go out without an umbrella.
Շատ թրջուա՞ծ էք.	Are you very wet?
Բոլորովին թրջուած եմ.	I am wet through and through.
Կրնա՞մ հրամցնել ձեզ իմ հովանոցս.	May I offer you my umbrella?
Շնորհակալութեամբ պիտի ընդունիմ զայն.	I will accept it with thanks.
Ծիածանը կը տեսնէ՞ք.	Do you see the rain-bow?
Ա՜, այո՛, ի՜նչ գեղեցիկ է.	Ah! yes, how beautiful it is!
Ո՞ւր են տղաքը.	Where are the children?
Բակն են.	They are in the yard.
Աշակերտները ո՞ւր են.	Where are the pupils?
Դպրոցն են.	They are at school.
Փիբէ պտոյտի ելա՞ծ է.	Has Phebe been out for a walk?
Այո՛, պտոյտ մը ըրած է.	Yes, she has taken a walk.
Ո՞վ կար իրեն հետը.	Who was with her?
Իր հօրաքոյրը հետն էր.	Her aunt was with her.
Ծաղիկներ գտա՞ւ.	Did she find any flowers?

Շատ մանուշակ գտաւ.	She found many violets.
Վարդ մը չունեցա՞ւ.	Has she not had a rose?
Այո՛, վարդ մըն ալ ունէր.	Yes, she had a rose too.

13.

Օտարականը հասա՞ւ (or ժամանե՞ց).	Has the stranger arrived?
Այո՛, երէկ հասաւ.	Yes, he arrived yesterday.
Քանի՞ սպասաւոր ունի.	How many servants has he?
Երկու կամ երեք հատ ունի.	He has two or tree.
Իշխանը մեկնա՞ծ է.	Has the prince gone away?
Դեռ մեկնած չէ.	He has not yet set off.
Ե՞րբ պիտի մեկնի.	When will he leave?
Վաղը պիտի մեկնի.	He will go away to-morrow.
Ժամը քանի՞ին պիտի մեկնի.	At what o'clock will he set out?
Ժամը ութին.	At 8 o'clock.
Ո՞ւր կ'երթայ կոր.	Where *is* he *going?*
Գիւղը կ'երթայ կոր.	He *is going* into the country.
Գիւղը դղեակ ունի՞.	Has he a castle in the country?
Խիստ գեղեցիկ դղեակ մը ունի հոն.	He has a very beautiful castle there.

14.

Արեգակը մե՞ծ է.	Is the sun large?
Խիստ մեծ է. երկրէն շատ աւելի մեծ է.	It is very large; it is much larger than the earth.
Լուսինն ալ երկրէն մե՞ծ է.	Is the moon also larger than the earth?
Ընդ հակառակը, երկիրը լուսնէն աւելի մեծ է.	On the contrary, the earth is larger than the moon.
Քանի՞ տարեկան էք, Յովսէփ.	How old are you, Joseph?
Տասներկու տարեկան եմ.	I am 12 years old.
Եղբայրդ քանի՞ տարեկան է.	How old is your brother?
Քսան տարեկան է.	He is 20 years old.
Ե՞րբ ծնած է.	When was he born?
Անիկա ծնած է հազար ութ հարիւր եօթանասուն եւ ինը Յունուար տասնին.	He was born on the tenth of January 1879.
Ո՞ր օր.	On what day?
Մայիս 25ին.	On the 25th of May.

15.

Ո՞վ առած է մկրատս.	Who has taken my scissors?
Օրիորդ Էլիզա առած է զայն.	Miss Eliza has taken them.
Ինչո՞ւ առած է զայն.	Why has she taken them?
Իրենը գտած չէ.	She has not found her own.
Ձերինը ինծի փոխ կու տա՞ք.	Will you lend me yours?
Հաճութեամբ. ահաւասիկ.	With pleasure; here they are.
Մատնոցդ կ'ուզե՞ս.	Do you want your thimble?
Այո՛, կ'ուզեմ զայն.	Yes, I want it.
Կ'ուզէ՞ք բան մը կարել.	Will you sew anything?
Քանի մը շապիկ պիտի կարեմ.	I will sew some shirts.
Որմէ՞ կարել սորվեցաք.	From whom have you learnt to sew?
Դերձակուհիէ մը.	From a seamstress.

16.

Ընելու շատ բան ունի՞ք.	Have you much to do?
Այո՛, ընելու շատ բան ունինք.	Yes, we have a great deal to do.
Ընելու այսքան հրահանգ կ'ունենա՞ք միշտ.	Have you always so many exercises to do?
Ո՛չ միշտ.	Not always.
Սորվելու բառեր ալ ունի՞ք.	Have you also any words to learn?
Ստուգիւ, եւ ո՛չ մէկ լեզու կրնանք հասկնալ առանց բառեր սորվելու.	Certainly, we can understand no language without learning words.
Ամէն օր քանի՞ բառ սորվելու էք.	How many words have you to learn every day?
Պարագաներէն կախում ունի: Երբեմն 15 էն քսան. երբեմն ալ աւելի.	It depends on circumstances. Sometimes 15 to 20, sometimes also more.

17.

Կ'ուզէ՞ք հետս պտոյտ մը ընել հիմա.	Will you take a walk with me now?
Կը ցաւիմ որ ժամանակ չունիմ հիմա.	I am sorry, I have no time now.

Ճաշէ վերջ կ'ուզէ՞ք հետս պտոյտ մը ընել.	Will you take a walk with me after dinner?
Հաճութեամբ, զձեզ առնելու պիտի գամ.	Willingly, I shall come for you.
Ժամը քանիի՞ն պիտի գաք.	At what o'clock will you come?
Ժամը վեցէն քիչ վերջը պիտի գամ.	I shall come a little after six o'clock.
Երէկ որու՞ն հետ պտոյտի (or շրջագայութեան) ելար.	With whom did you take a walk yesterday?
Քեռորդւոյս հետ.	With my nephew.
Քեռորդիդ դեռ չմեկնեցա՞ւ.	Has your nephew not yet left?
Ո՛չ, անիկա հոս է տակաւին.	No, he is still here.
Ե՞րբ պիտի մեկնի.	When will he set out?
Անոր մեկնելու օրը որոշուած չէ տակաւին.	The day of his departure is not yet fixed.
Երկայն ճամբորդութիւն մը պիտի ընէ՞.	Will he make a long journey?
Անիկա պիտի ճամբորդէ Ֆրանսայի մէջ եւ պիտի չվերադառնայ մինչեւ երկու ամիս.	He will travel in France, and will not be back again for two months.

18.

Չէ՞ք գիտեր թէ ուր է գըլխարկս.	Do you not know where my hat is?
Ո՛չ, չեմ գիտեր.	No, I do not.
Սպասաւորը անոր ուր ըլլալը գիտէ՞.	Does the servant know where it is?
Ան ալ չի գիտեր.	He does not know either.
Կանխաւ հարցուցի՞ք իրեն.	Have you asked him already?
Հաւանական է սպասուհին գիտէ.	Perhaps the maid-servant knows.
Կարելի է որ գիտէ, քանզի անիկա մաքրեց ձեր սենեակը.	It is possible that she does, because she has cleaned your room.
Հաճեցէք կանչել զինքը.	Call her, please.
Ի՞նչ կը հրամէք, Տէր.	What is your pleasure, Sir?
Ո՞ւր դրած էք գլխարկս.	Where have you put my hat?

Հանդերձանոցը դրած եմ.	I have put it in the wardrobe.
Որո՞ւն մէջ.	In which?
Այս հանդերձանոցին մէջ.	In this wardrobe.
Հիմա հոն չկա՞յ.	Is it no longer there?
Տակաւին չնայեցայ հոն.	I have not yet looked there.
Ո՞ւր է բանալին. ո՞ւր դրած էք զայն.	Where is the key? Where have you put it?
Գամէն կախած եմ.	I have hung it on the nail.
Հոն կախուած չէ.	It is not hanging there.
Վար ինկած ըլլալու է ուրեմն.	Then it must have fallen down.
Ահաւասիկ.	There it lies.
Վերցուցէք, եթէ կը հաճիք.	Pick it up, if you please.

19.

Ո՞վ շինեց (or կառուց) այս տունը.	Who has built this house?
Պ. Միւլլէր անուն մէկը.	A certain Mr. Müller.
Անիկա անձա՞մբ կը բնակի անոր մէջ.	Does he inhabit it himself?
Ո՛չ, անձամբ չի բնակիր անոր մէջ.	No, he does not live in it himself.
Ո՞ւր կը բնակի ուրեմն.	Where does he live then?
Ուրիշ փողոց մը կը բնակի.	He lives in another street.
Ուրիշ տուներ ունի՞.	Has he any other houses?
Այո՛, երեք տուն ունի.	Yes, he has three houses.
Հարո՞ւստ է.	Is he rich?
Այնպէս կ'ըսեն, բայց չեմ հաւատար.	They say so; but I do not believe it.
Իր կինը կ'ապրի՞ (or ո՞ղջ է) տակաւին.	Is his wife still living?
Ո՛չ, մեռած է.	No, she is dead.
Շատո՞նց մեռած է.	Is it long since she died?
Երեք տարի առաջ մեռաւ.	She died three years ago.
Ի՞նչ էր տարիքը or քանի՞ տարեկան էր.	What was her age?
Երեսունեւեօթը տարեկան էր.	She was 37 years of age.

20.

Դրացւոյս մեռնիլը լսեցի՞ք·	Did you hear that my neighbour has died?
Ո՛չ, Տէ՛ր, չլսեցի· ե՞րբ մեռաւ.	No, I have not heard of it; when did he die?
Անցեալ գիշեր մեռաւ.	He died last night.
Ի՞նչ հիւանդութենէ մեռաւ.	Of what illness did he die?
Ժանտատենդէ մեռաւ.	He died of the typhoid fever.
Ո՞րչափ ատեն հիւանդ եղաւ (or պառկեցաւ).	How long was he ill?
Վեց շաբաթ հիւանդ պառկեցաւ.	He was ill for six weeks.
Ձեր բարեկա՞մն էր·	Was he your friend?
Այո՛, լաւագոյն բարեկամս էր.	Yes, he was my best friend.
Ո՞ւր ծանօթացաք անոր հետ.	Where did you make his acquaintance?
Ատանայի մէջ ծանօթացայ անոր հետ.	I made his acquaintance at Adana.
Ատանայի մէջ շատ ծանօթներ ունի՞ք·	Have you many acquaintances at Adana?
Քանի մը հատ ունիմ. շատերը մեռած են.	I have a few; most are dead.

21.

Վաղը զիս տեսնել կու գա՞ք·	Will you come to see me to-morrow?
Այո՛, եթէ ժամանակ ունենամ.	Yes, if I have time.
Ձեր քենին ալ պիտի գա՞յ·	Will your sister-in-law come too?
Չեմ կարծեր որ գայ· բայց աներձագս հետս պիտի գայ.	I believe that she will not come; but my brother-in-law will come with me.
Պիտի գնէի՞ք այս ձին, եթէ ծախու ըլլալը գիտնայիք·	Would you have bought this horse, if you had known that it was to be sold?
Ո՛չ, պիտի չգնէի. ինծի հաճելի չի գար.	No, I would not have bought it; it does not please me.

Միշտ հայերէն պիտի խօսէի՞ք, եթէ գիտնայիք զայն.	Would you always speak Armenian, if you knew it?
Միշտ պիտի չխօսէի, բայց երբեմն.	I should not always speak it, but sometimes.
Ֆրանսերէն չէ՞ք խօսիր.	Do you not speak French?
Ո՛չ, Տէ՛ր, բայց թուրքերէն եւ անկլիերէն կը խօսիմ.	No, Sir, but I speak Tukish and English.

22.

Ժամացոյցի բանալիիս պէտք ունի՞ք տակաւին.	Do you still want my watch-key?
Ո՛չ, այլ եւս պէտք չունիմ անոր.	No, I do not want it any longer.
Ձերինը կորսնցուցի՞ք.	Have you lost yours?
Չեմ կրնար գտնել զայն.	I cannot find it.
Այս տղան նոր կօշիկի պէտք ունի՞.	Does this boy want new shoes?
Անիկա զոյգ մը նոր կօշիկի պէտք ունի.	He wants a new pair of shoes.
Իրենները մաշա՞ծ են.	Are his worn out?
Այո՛, բոլորովին ծակծկած (or ծակերով լեցուն) են.	Yes, they are quite full of holes.
Որչա՞փ հագաւ զանոնք.	How long has he worn them?
Երկու ամիս հագաւ զանոնք.	He has worn them two months.
Նոր զգեստի ալ պէտք չունի՞.	Does he not also want new clothes?
Այո՛, անիկա նոր վերարկուի մը եւ տաբատի մը պէտք ունի.	Yes, he wants a new coat and a pair of trowsers.

23.

Ի՞նչ բանի վրայ կը խորհիք.	What are you thinking of?
Ապագայիս վրայ կը խորհիմ.	I am thinking of my future.
Ի՞նչ բան խորհիլ կու տայ ձեր ապագային վրայ.	What makes you think of your future?
Պէտք է որ զբաղում մը ընտրեմ.	I must choose a profession.

Ո՞վ կը փափաքի որ այդպէս ընէք.	Who desires you to do so?
Հայրս կը փափաքի.	My father does.
Հիմա որոշման մը յանգա՞ծ էք.	Are you now decided?
Ո՛չ, դեռ որոշման մը յանգած չեմ.	No, I have not yet decided.
Եթէ ինձ խորհուրդ կը հարցնէք, ես խորհուրդ կու տամ ձեզ որ վաճառական ըլլաք. քանզի ամբողջ աշխարհը բաց է վաճառականութեան.	If you ask my advice, I should advise you to be a merchant; for the whole world is open to commerce.
Շնորհակալ եմ ձեր խորհուրդին համար.	I thank you for your advice.

III. Reading Exercises.

A. Prose.

1.

Կին մը հաւ մը ունէր, որ ամեն օր հաւկիթ մը կ՚ածէր։ Բայց կինը գոհ չէր անով. նէ կ՚ուզէր օրը երկու հաւկիթ ստանալ, քանզի խիստ սուղ կը ծախէր զանոնք։ Ուստի աւելի հաւկիթ ունենալու յուսով, պարարեց հաւը։ Սակայն խաբուեցաւ. հաւը շատ գիրցաւ եւ ա՛լ հաւկիթ չածեց։

Հարցարան. — Կին մը ի՞նչ ունէր։ Հաւը ամեն օր քանի՞ հաւկիթ կ՚ածէր։ Կինը գո՞հ էր անով։ Ինչո՞ւ գոհ չէր։ Օրը քանի՞ հաւկիթ ստանալ կ՚ուզէր։ Աւելի հաւկիթ ունենալու յուսով ի՞նչ ըրաւ։ Յաջողեցա՞ւ։ Ինչո՞ւ չյաջողեցաւ։

2.

Ժամանակաւ Լոնտոնցի քաղաքապետ մը խնդրեց հեղինակէ մը որպէս զի ճառ մը գրէ իրեն համար՝ քաղաքապետարանին մէջ ատենախօսելու։ “Պարտիմ նախ ճաշել ձեզ հետ, պատասխանեց նա, եւ տեսնեմ թէ ի՞նչպէս կը բանաք ձեր բերանը՝ գիտնալու համար թէ ի՞նչ տեսակ բառեր կը յարմարին անոր։„

Հարցարան. — Քաղաքապետ մը ի՞նչ խնդրեց հեղինակէ մը։ Ո՞ւր պիտի ատենախօսէր։ Հեղինակը ի՞նչ պատասխանեց։ Ինչո՞ւ համար նախ ճաշելու էր անոր հետ։ Լոնտոն ո՞ր երկրի մայրաքաղաքն է։ Անկլիա Եւրոպայի ո՞ր կողմն է։

3.

Մուրացկան մը ուրիշ մուրացկանի մը հանդիպելով հարցուց անոր. “Ի՞նչ եղաւ Յովհաննէս՝ մեր վաղեմի բարեկամը„: “Աւա՜ղ, սիրելիս, պատասխանեց միւսը, հէգ Յովհաննէս կախուելու դատապարտուեցաւ, սակայն նա ազատեց իր կեանքը՝ բանտին մէջ մեռնելով:„

Հարցարան. — Մուրացկան մը որո՞ւ հանդիպեցաւ: Ի՞նչ հարցուց անոր: Յովհաննէս ի՞նչ բանի դատապարտուած էր: Ի՞նչպէս ազատեց իր կեանքը:

4.

“Ձեր ձեռքը չափազանց անհանգիստ կ'ընէ զիս„, ըսաւ իշխան մը շատախօս մի անձի, որ ճաշի ատեն իրեն քով նստած՝ անընդհատ կը շաղակրատէր ձեռքի շարժումներով: “Իրօք, տէր իմ, պատասխանեց շաղփաղփը, սեղանին վրայ այնքան խռնուած ենք որ չեմ գիտեր թէ ո՞ւր դնեմ ձեռքս:„ “Բերնիդ վրայ դիր„, ըսաւ իշխանը:

Հարցարան. — Իշխան մը ի՞նչ ըսաւ անձի մը: Ի՞նչպիսի անձ մըն էր ան: Որո՞ւն քով նստած էր ան: Ի՞նչ կ'ընէր շաղփաղփը: Ի՞նչ առարկեց ան: Ի՞նչ թելադրեց իշխանը: Ի՞նչ ըսել կ'ուզէր անով:

5.

Վեր. (= վերապատուելի = doctor) Սաութհ, անգամ մը երբ կը քարոզէր Կարոլոս Բ. (= երկրորդ) ի առջեւ, դիտեց որ ինքնակալը եւ անոր բոլոր հետեւորդները սկսան մրափել: Քիչ վերջը լսելով որ անոնցմէ ոմանք կը խորդան, ընդմիջեց իր քարոզը եւ գոչեց. “Լորտ Լօտըրտէյլ, կ'աղաչեմ արթնցէք. քանզի այնքան բարձր կը խորդաք որ պիտի արթնցնէք թագաւորը„:

Հարցարան. — Վեր. Սաութհ որո՞ւն առջեւ կը քարոզէր: Կարոլոս Բ. ո՞ր երկրի թագաւորն էր: Վերապատուելին ի՞նչ դիտեց եւ ի՞նչ ըրաւ: Որո՞ւ ուղղեց (addressed) իր խօսքը: Ի՞նչ ըսաւ Լորտ Լօտըրտէյլին:

6.

Ագնուական մը իր պալատին պատուհանը կեցած՝ տեսնելով որ իշապան մը անգթօրէն կը ծեծէ իր էշը, կը կանչէ եւ կ՚ըսէ. “Կը բաւէ՛, կը բաւէ՛, ձեռքդ քեզի քաշէ՛, սրիկա՛յ, եթէ ո՛չ կուգամ՝ կը խարազանեմ զքեզ„: “Ներեցէ՛ք, ազնի՛ւ պարո՛ն, կը պատասխանէ իշապանը, չէի գիտեր որ էշս ազգականներ ունի արքունիքի մէջ:„

Հարցարան. — Ո՞ւր կեցած էր ազնուական մը: Զո՞վ տեսաւ: Ի՞նչ կ՚ընէր իշապանը: Ի՞նչ սպառնացաւ իշապանին: Ի՞նչ հեգնական պատասխան տուաւ իշապանը:

7.

Ատենօք գիւղացի մը, որ Բարիզի Բօնթ-օ-Շանժ կամուրջէն կ՚անցնէր, մի քանի խանութներու մէջ վաճառք չնշմարեց: Հետաքրքրութենէ մղուած՝ միջնորդի մը խանութին մօտեցաւ եւ ապուշ նայուածքով մը հարցուց. “Պարո՛ն, կը հաճի՞ք ըսել ինձ թէ ի՞նչ ապրանք կը վաճառէք„: Վաճառականը ուզելով զուարճանալ՝ հեգնաբար պատասխանեց մարդուկին. “Էշու գլուխ կը վաճառեմ„: “Խաչ որ, պատասխանեց գիւղացին, պէտք է մեծ խնդրանք ունեցած ըլլաք. քանզի կը տեսնեմ որ միայն հատ մը մնացած է ձեր խանութին մէջ:„

Հարցարան. — Գիւղացի մը ո՞ւրկէ կ՚անցնէր: Ո՞ւր է Բարիզ: Ո՞ր պետութեան մայրաքաղաքն է: Գիւղացին ի՞նչ չնշմարեց: Ի՞նչ բանէ մղուեցաւ: Որո՞ւն խանութին մօտեցաւ: Ի՞նչպիսի նայուածք մը ունէր: Ի՞նչ հարցուց: Վաճառականը ի՞նչ կերպով վարուեցաւ: Ի՞նչ էր գիւղացւոյն սրամիտ պատասխանը: Լաւ չպատասխանե՞ց նա:

8.

Էշ մը սովալլուկ գայլի մը հանդիպելու դժբաղդութիւնը ունեցաւ: “Գթա՛ ինձ, ըսաւ դողահար կենդանին. եղուկ անասուն մըն եմ. նայէ՛ թէ ո՛րքան խոշոր փուշ մը մխուած է ոտքիս մէջ„:

“Ցիրաւի կը վշտակրիմ քեզ, պատասխանեց գայլը, խղճմտօրէն խօսելով՝ զքեզ քու թշուառութենէդ զերծելու հարկադրուած կ'զգամ ինքզինքս:„

Դեռ խօսքը բերանն էր, եւ ահա կտոր կտոր ըրաւ աղերսարկու աւանակը:

Հարցարան. — Էշ մը որո՞ւ հանդիպեցաւ: Գայլը կո՞ւշտ էր: Ի՞նչ աղերսեց խեղճ էշը: Ի՞նչ մխուած էր անոր ոտքին մէջ: Ի՞նչպէս պատճառաբանեց գայլը: Ի՞նչ եղաւ էշուն վախճանը: Կարելի՞ է անգութէն գութ յուսալ:

9.

Ընկերական ակումբի մը մէջ կին մը կը պատմէր թէ իր ամուսնին հետ կռիւ մըն է ունեցեր եւ ապա հաշտուելով՝ այրը ի յիշատակ ասոր ծառ մըն է տնկեր: “Տեսա՞ր, ըսաւ կամացուկ մը, մի ուրիշ կին իր ամուսնին, եթէ մենք ալ ասանկ ըրած ըլլայինք, ցարդ գեղեցիկ անտառ մը ունեցած կ'ըլլայինք„:

Հարցարան. — Կին մը որո՞ւն հետ կռիւ ունեցեր էր: Ո՞ւր կը պատմէր այդ մասին: Այրը ի՞նչ տնկած էր ի յիշատակ հաշտութեան: Ուրիշ կին մը ի՞նչ յիշեցուց իր ամուսնին: Ի՞նչ ըսել կ'ուզէր ատով:

10.

Օրիորդ մը ծովը ինկաւ. խեղդուելու վրայ էր, երբ Նիւֆաունտլէնտեան շուն մը ազատեց զանիկա: Զգայազիրկ տուն տարուեցաւ. երբ սթափեցաւ, յայտնեց թէ որոշած էր ամուսնանալ իր ազատարարին հետ: Հայրը ըսաւ թէ անկարելի էր այդ: “Ամուսնացա՞ծ է„, հարցուց աղջիկը: “Ո՛չ, բայց ազատարարդ շուն մըն է:„

Հարցարան. — Օրիորդ մը ո՞ւր ինկաւ: Ո՞վ ազատեց զինքը: Ի՞նչ վիճակի մէջ տուն տարուեցաւ: Երբ սթափեցաւ, ի՞նչ որոշում յայտնեց: Կարելի՞ էր ամուսնանալ իր ազատարարին հետ: Ինչո՞ւ կարելի չէր:

11.

Դարեհ՝ Պարսկաստանի թագաւորը՝ տասը հազար տաղանդ մատուց Աղեքսանդրի, պայմանաւ որ Ասիան հաւասարապէս բաժնէ իրեն հետ։ Իսկ մեծ յաղթականը պատասխանեց. “Երկիրը չկրնար երկու արեւ կրել, ոչ ալ Ասիա՝ երկու թագաւոր„։ Բարմենիոյ՝ Աղեքսանդրի բարեկամներէն մին, որ լսած էր Դարեհի մատուցած պարգեւին մասին, ըսաւ. “Եթէ ես Աղեքսանդր ըլլայի, պիտի ընդունէի„։ “Ես ալ պիտի ընդունէի, եթէ Բարմենիոյ եղած ըլլայի„, պատասխանեց Մակեդոնիացի առիւծը։

Հարցարան. — Ո՞վ էր Դարեհ։ Որո՞նք են Պարսկաստանի սահմանները։ Ո՞վ էր Աղեքսանդր։ Ո՞ւր էր իր ծննդավայրը։ Մակեդոնիա Եւրոպայի ո՞ր կողմն է։ Դարեհ քանի՞ տաղանդ մատուց Աղեքսանդրի։ Սոյն վերջինը ընդունե՞ց առաջնին առաջարկը։ Ի՞նչ պատասխանեց։ Ո՞վ էր Բարմենիոյ։ Սա ի՞նչպէս յայտնեց իր գաղափարը։ Ի՞նչ էր յաղթականին պատասխանը։

12.

Երբ Լեհաստանի վերջին թագաւորը կը տիրէր, ապստամբութիւն ծագեցաւ իրեն դէմ։ Ապստամբներէն մին՝ լեհ իշխան մը՝ քսան հազար լիրա պարգեւ խոստացաւ թագաւորին գլխուն համար, եւ նոյն իսկ թագաւորին գրեց իր լրբութեանը մասին՝ զանիկա վախցնելու նպատակով։

Իսկ թագաւորը ամենայն հանդարտութեամբ գրեց անոր հետեւեալ կարճ պատասխանը. “Ստացայ ձեր նամակը եւ կարդացի զայն. ան բաւական հաճոյք պատճառեց ինձ, որ իմ գլուխս այդքան արժէք ունի ձեզ համար. սակայն կ'ապահովցնեմ զձեզ թէ ձերինին համար բնիոն մը անգամ չեմ տար„։

Հարցարան. — Լեհաստանի ո՞ր թագաւորին դէմ ապստամբութիւն ծագեցաւ։ Ո՞վ էր ապստամբներէն մէկը։ Այդ իշխանը ո՞րքան պարգեւ խոստացաւ։ Ի՞նչ բանի համար էր այդ պարգեւը։ Այդ մասին թագաւորին ալ գրե՞ց։ Ի՞նչ

Նպատակով գրեց անոր։ Թագաւորը յուզուեցա՜ւ, վախցա՜ւ։ Ի՞նչ էր արքայական կարճ՝ բայց շանթահարիչ պատասխանը։ Ամեն գլուխ նոյն արժէքը ունի՞։

13.

Մեծն Փրեդերիկոս ծանր պարտութիւն մը կրեց Գօլինի մէջ։ Ժամանակ մը վերջ, զօրահանդէսի մը ատեն, հեգնօրէն հարցուց զինուորի մը, որ խորունկ վէրք մը ստացած էր իր ծնօտին վրայ. “Բարեկամ, ո՞ր գարեջրատուն ստացար այդ ճանկռտուքը„։ Զինուորը պատասխանեց. “Ստացայ զայն Գօլինի մէջ, ուր Ձեր Վեհափառութիւնը վճարեց ճաշացուցակին համար„։

Հարցարան. — Մեծն Փրեդերիկոս փայլուն յաղթութիւն մը ունեցա՞ւ Գօլինի մէջ։ Ե՞րբ տեղի ունեցաւ զօրահանդէսը։ Այդ ատեն թագաւորը ի՞նչ հարցուց զինուորի մը։ Զինուորին վէրքը թեթե՞ւ էր։ Ո՞ւր ստացած էր զայն։ Պատերազմի դաշտին վրայ ստացուած վէրք մը ամօ՞թ է թէ փառք։

14.

Ազնուական մը՝ Լորտ Նորթհի հետ միասին օթեակի մը մէջ նստած՝ չճանչնալով Նորին Լորտութիւնը, խօսակցութեան բռնուեցաւ անոր հետ, եւ տեսնելով երկու տիկիններ որ դիմացի օթեակը մտան, դարձաւ անոր ու այսպէս խօսք ուղղեց (addressed). “Խնդրեմ, տէ՛ր, կրնա՞ք տեղեկացնել զիս թէ ո՞վ է այն տգեղ կինը, որ ճիշդ հիմա ներս եկաւ„։ “Օ՜, պատասխանեց Նորին Լորտութիւնը՝ խիստ զուարթօրէն, կինամ, անիկա իմ ամուսինս է„։

Ազնուականը ամօթէն շիկնած թլուատելով պատասխանեց. “Տէ՛ր, բիւր ներում կը խնդրեմ ձեզմէ, ե՜... ս զա՜... ա... նիկա ըսել չե՜ե՜ե՜մ ուզեր. ես ը՜... ը՜... սել կ'ու... ու... զեմ այն ահռելի հրէշը, որ անոր հետ է“։ — Նորին Լորտութիւնը յարեց ժպտելով. “Անիկա ալ իմ դուստրս է„։

Հարցարան. — Ո՞վ նստած էր Լորտ Նորթհի հետ։ Ո՞ւր նստած էին։ Ո՞րը միւսին հետ խօսքի բռնուեցաւ։ Խօսակցութեան միջոցին զորո՞նք տեսաւ ազնուականը։ Կը ճանչնա՞ր զանոնք։ Գեղանի՞ էին այն տիկինները։ Ո՞րմէ տեղեկութիւն խնդրեց։ Ի՞նչպէս էր հարցման ոճը։ Լորտը բարկացա՞ւ։ Ի՞նչ պատասխան տուաւ։ Ազնուականը ամօթահար չեղա՞ւ իր անխոհեմ հարցմանը համար։ Իր սխալը դարմանելու համար ի՞նչպէս ինքզինքը չքմեղացնել ջանաց։ Ո՞վ էր լորտուհւոյն քովի օրիորդը։ Խոհեմակա՞ն է անծանօթէ մը տեղեկութիւն խնդրել ուրիշ անծանօթի մը նկատմամբ։

15.

Վայրի աղաւնի մը, որ առուակի մը եզերքը լաստենւոյ մը վրայ թառած էր, տեսաւ մեղու մը որ ջուրը ինկած՝ կը մաքառէր առուակին ալիքներուն դէմ, որոնք կ՚սպառնային վարել տանիլ զինքը։ “Սպասէ՛, խեղճո՛ւկ թռչնակ, ես քեզ նաւակ մը պիտի խրկեմ, որով կրնաս ազատիլ„, գոչեց աղաւնին։ Նա կտուցովը տերեւ մը փրցուց եւ վար նետեց։ Մեղուն ազատեցաւ անով եւ շնորհակալ եղաւ իր բարերարէն։

Շատ չանցաւ, եւ ահա որսորդ մը հասաւ հոն եւ հրացանը ուղղեց դէպ ի թռչունը։ Երախտագէտ մեղուն տեսնելով վտանգը, որուն մէջ կը գտնուէր իր բարերարը, իսկոյն թռաւ եւ խայթեց որսորդին ձեռքը։ Պո՛ւմմմ — գնտակը վրիպեցաւ եւ աղաւնին ազատեցաւ։

Հարցարան. — Աղաւնին ո՞ւր թառած էր։ Հո՞նկէ ի՞նչ տեսաւ։ Ի՞նչ բանի դէմ կը մաքառէր։ Աղաւնին ի՞նչպէս քաջալերեց մեղուն։ Նա ի՞նչ փրցուց։ Ո՞ւր նետեց տերեւը։ Անով ազատեցա՞ւ մեղուն։ Շատ չանցած ո՞վ հասաւ հոն։ Որսորդը ի՞նչով պիտի զարնէր թռչունը։ Երբ մեղուն իր բարերարին մօտալուտ վտանգը տեսաւ, ի՞նչ ըրաւ։ Աղաւնին զարնուեցա՞ւ։

16.

Գիւղի մը մէջ դարբին մը մարդ մը սպաննած ըլլալուն՝ կախաղանի դատապարտուեցաւ։ Տեղւոյն գլխաւոր գիւղացիները հաւաքուելով՝ խնդրեցին դատաւորէն որ դարբինը մահուան չդատապարտուի, քանզի նա տեղւոյն հարկաւոր էր եւ առանց դարբնի կարելի չէր ձիեր լուսնել, անիւներ նորոգել, եւայլն։ Սակայն դատաւորը ըսաւ. “Ի՞նչպէս ուրեմն կրնամ գործադրել արդարութիւնը„։ Մշակ մը պատասխանեց. “Տէ՛ր, գիւղին մէջ երկու ոստայնանկ կայ. ասանկ փոքր տեղւոյ մը համար՝ մէկը բաւական է, միւսը կախէ։„

Հարցարան. — Ո՞վ մարդ մը սպաննած էր։ Ի՞նչ բանի դատապարտուեցաւ դարբինը։ Ի՞նչ ըրին գլխաւոր գիւղացիները։ Ի՞նչ խնդրեցին դատաւորէն։ Ի՞նչ առարկելով ասանկ խնդրեցին։ Ի՞նչ ըսաւ դատաւորը։ Ո՞վ պատասխանեց դատաւորին։ Արդարութիւնը գործադրելու ի՞նչ ճամբայ ցոյց տուաւ մշակը։

17.

Գէորգ Ա. (առաջին)՝ Անկլիոյ թագաւորը՝ երբ անգամ մը կը ճամբորդէր դէպ ի Հանովր, Հոլանտայի մէջ գիւղակի մը պանդոկը իջաւ՝ ձիերը փոխել տալու համար։ Նոյն միջոցին անօթի ըլլալով՝ երեք հաւկիթ բերել տուաւ ու կերաւ։ Մեկնելու պահուն պայիկը դանդատեցաւ Նորին Վեհափառութեան թէ պանդոկապետը երկու հարիւր ֆիօրին կը պահանջէր հաւկիթներուն փոխարէն։ Ինքնակալը կանչել տուաւ զանիկա եւ ըսաւ. “Ի՞նչպէս կ'ըլլայ, պարոն, որ երեք հանկիթի փոխարէն երկու հարիւր ֆիօրին կը պահանջես ինձմէ. արդեօք ատոնք ա՛յնքան հազուագի՞ւտ են հոս։„ “Ո՛չ, տէր արքայ, պատասխանեց սրամիտ պանդոկապետը, հաւկիթները բաւական առատ են եւ աժան, բայց թագաւորները չափազանց հազուագիւտ են հոս, եւ պէտք է օգուտ քաղենք անոնցմէ, երբ բաղդը պատուէ զմեզ անոնց ներկայութեամբ։„ Թագաւորը ժպտեցաւ եւ հրամայեց որ երկու հարիւր ֆիօրինը համրուի։

Հարցարան. — Անկլիա ո՞ւր է։ Ի՞նչ է մայրաքաղաքին անունը։ Քանի՞ միլիոն բնակիչ ունի։ Ո՞ր գետին վրայ կանգնուած է։ Գէորգ Ա. դէպ ո՞ւր կը ճամբորդէր։ Ո՞ւր կանգ առաւ։ Ի՞նչ բերել տուաւ ուտելու համար։ Պանդոկապետը քանի՞ ֆիորին պահանջեց։ Երբ հարցուեցաւ անոնց ա՛յնքան սղութեան պատճառը, ի՞նչ պատասխանեց ան։ Ի՞նչ հրամայեց թագաւորը։

18.

Օր մը սատանան մարդու մը առջեւ ելաւ իր ամենասոսկալի կերպարանքովը, եւ ըսաւ. “Հիմա պիտի մեռնիս։ Բայց կրնամ քեզ շնորհել քու կեանքդ, եթէ սա երեք պայմաններէն մին ընդունիս. կա՛մ հայրդ պիտի սպաննես, կա՛մ քոյրդ պիտ ծեծես, կա՛մ գինի պիտի խմես։„

“Որը ընեմ՛, մտածեց մարդը։ Անկարելի՜ է որ մեռցնեմ հայրս. ինքն է որ ինձ կեանք պարգեւած է։ Քոյրս չարչըրկել ահռելի՜ բան է։ Ուրեմն գինի կը խմեմ։„

Եւ գինի խմեց։ Սակայն գինովնալուն պէս՝ սպաննեց իր հայրը եւ չարչրկեց իր քոյրը։

Հարցարան. — Ասիկա իրական պատմութի՞ւն մըն է թէ աւանդութիւն։ Սատանան ուրո՞ւն առջեւ ելաւ։ Կերպարանքը ի՞նչպէս էր։ Ի՞նչ սպառնացաւ։ Մարդուն կեանքը իրեն շնորհելու համար քանի՞ պայման առաջարկեց։ Կրկնեցէք այդ պայմանները։ Մարդը ի՞նչ մտածեց անոնց մասին։ Ո՞րը հաճելի եկաւ իրեն։ Հետեւանքը ի՞նչ եղաւ։

---

19. Ոսկեդարը։

Հայ գրաբար լեզուի ամենէն ծաղկած ժամանակն է Ե. դարը, զոր Ոսկեդար կ'անուանէ պատմութիւնը։ Այդ դարուն մէջ է որ գտնուեցան Հայ գիրերը Սահակի եւ Մեսրոպի ձեռքով, եւ լոյս տեսան շատ մը հեղինակութիւններ ու թարգմանութիւններ, որոնց գլխաւորն է Աստուածաշունչը։ Յաջորդ դարերուն մէջ աւելի փայլուն գրողներ ունեցած ենք արդարեւ, բայց ոչ ոք կրցած է հաւասարիլ այն լեզուին, զոր գրեցին առաջին թարգմանիչներէն Եզնիկ Կողբացի եւ երկրորդ թարգմանիչներէն Եղիշէ։

20. Հայ Գիրերը։

Մեր այժմու գործած տպագրական գիրերը թէպէտ Մեսրոպեան այբուբէն կը կոչուին, սակայն Մեսրոպի ձեւակերպած բուն գիրերը չեն. տասնեւվեց դարէ ի վեր հետզհետէ կատարելագործուած են անոնք նոր ճաշակներու համաձայն։ Մեսրոպեան գիրերուն սկզբնական ձեւը Երկաթագիր կը կոչուի, որ մինչեւ իններորդ դար գործածուած է գրեթէ անփոփոխ։ Իններորդ դարուն մէջ հնարուած է միջին Երկաթագիրը, նախորդ տառերը քիչ մը կարճեցնելով ու կարգի դնելով։ Իսկ տասներկուերորդ դարուն մէջ, զանոնք ալ աւելի կարճեցնելով՝ կազմակերպեցին Բոլորագիրը, որ հետզհետէ բարւոքուելով՝ մեր այսօրուան գիրը եղաւ։ Տասներկուերորդ դարուն մէջ աւելցած են Մեսրոպի գտած երեսունեւվեց տառերուն վրայ Օ եւ Ֆ գիրերը, որով այսօր երեսունեւութի կը հասնին անոնք։

21. Առաջին Աշխարհաբար Գիրքը։

Առաջին աշխարհաբար գիրքը տպուած է Վենետիկի մէջ տասնեւեօթներորդ դարուն վերջերը, 1685—1687։ Այս գրքին անունն է Պարզաբանութիւն Հոգեւոր Սաղմոսաց Դաւթի, եւ հեղինակն է Յովհաննէս Հոլով, որ ասկէ զատ ունի նաեւ գրաբար հեղինակութիւններ։ Նահապետ Ջուղայեցի անուն անձ մը տպագրել տուած է այս գիրքը իր ծախքովը, աշխարհաբար լեզուն ծաւալելու բաղձանքով։ Բայց այդ աշխարհաբարը ո՛չ Ջուղայի ժողովրդեան բարբառն է, ո՛չ ալ Պոլսինը, այլ երկուքին խառնուրդը։ Իսկ Մխիթար Աբբայ գրած է առաջին քերականութիւնը, որուն համառօտութիւնը միայն հրատարակուած է։

Զապէլ Կ. Տօնէլեան։

22. Սահակ Թռչունը։

Գարնան առաջին օրէն սկսեալ՝ ամբողջ ամառը՝ արեւը մարը մտնելէն յետոյ՝ այգեստաններու հովանուտ հովտին մէջ տրտմագին ձայն մը կ'սկսի հնչել, Սահա՜կ… Սահա՜կ…։

Ոչ մէկը կրնայ ճշդել թէ ո՛ւրկէ կուգայ այդ ձայնը։ Ամբողջ հովտին մէջ ուր որ երթաս՝ ձայնը կայ ու կը հնչէ, բայց քանի՛ կը կարծես թէ կը մօտենաս ձայնին, ա՛յնքան ձայնը կը հեռանայ քենէ, անդադար կրկնելով միեւնոյն մելամաղձիկ ողբերգը, Սահա՜կ… Սահա՜կ… Սահա՜կ…։

*

Կ'ըսեն թէ այդ ձայնը յաւիտենական ողբերգն է վիպական թռչունի մը, որ ժամանակաւ մարդկային էակ մըն էր։

Ատենօք մայր մը կար, գորովագութ մայր մը, որ միակ որդի մը ունէր, Սահակ անուն, խարտիշագեղ պատանի մը, որուն վրայ հոգի կուտար։ Ա՜նքան բուռն սիրով կապուած էր անոր հետ։ Ու մայր ու որդի իրարմով երջանիկ էին, շա՜տ երջանիկ…։

Բայց, բաբէ՜, այն ժամանակները սովորութիւն կար որ երբ կամուրջ մը կառուցուէր, ջուրերու ոգիները սիրաշահելու համար կը զոհէին այն առաջին անձը, որ նորաշէն կամուրջին վրայէն առաջին անգամ անցնէր։ Երբ այս զոհը չըլլար, ջուրերը կը կատղէին եւ իրենց ամեհի կոհակներովը շուտով կը փլցնէին կամուրջը։

Խարտիշագեղ Սահակ, որ այս անգութ սովորութիւնը չէր գիտեր, սեւ օր մը, դիտելու գնաց այն կամուրջը որ դեռ նոր շինուած, լմնցած էր, եւ զուարթ, միամիտ, անցաւ կամուրջին վրայէն…։։

Աւա՜ղ, սովորութիւնը անողոք էր, Սահակ դժբաղդ զոհը եղաւ այդ նորաշէն կամուրջին։

Մայրը՝ անգիտակ սոյն ահռելի դժբաղդութեան, կը սպասէր որ իր որդին գայ, ու չէր ալ գիտեր թէ ո՛ւր գնացած է անի։ Բայց ի զո՜ւր, խարտիշագեղ Սահակ ա՛լ չվերադարձաւ։ Ու մայրը խենդի պէս չորս կողմը ինկաւ փնտռելու իր սիրական զաւակը... բայց տեղ մըն ալ չգտաւ զանի։

*

Ո՞վ գիտէ ո՛րքան ժամանակ պտըտեցաւ այս տարաբաղդ մայրը լեռներու եւ անտառներու մէջ՝ փնտռելով ու ողբալով իր սիրականին կորուստը։ Օրին մէկն ալ, չենք գիտեր ի՛նչպէս, թեւեր առաւ եւ սլացաւ օդին մէջ։

Ու անկէ ի վեր գիշերուան մթութեան մէջ ինքզինքը ծածկած՝ կ'ողբայ իր սեւ ճակատագիրը եւ տակաւին կը փնտռէ իր սիրական զաւակը անդադար կանչելով տխրագին, Սահա՛կ... Սահա՛կ... Սահա՛կ...։ Յովհ. Գազանճեան։

23. Ընտանեկան Յարկը։

Ընտանեկան յարկը օթեւան մըն է նուիրական, որ իր մէջ կ'ամփոփէ ինչ որ սիրելագոյն է մարդկային սրտին։ Ի՞նչ բան աւելի սիրելի քան հայր, մայր, եղբայր, քոյր, ամուսին, զաւակ, աւելի հեշտալի քան անոնց սիրոյն փոխադարձ վայելումը, եւ աւելի սրբազան քան այն յիշատակներ, որոնք անոնցմէ կուգան։ Ընտանեկան յարկը կը բովանդակէ եւ կը բացատրէ այդ ամեն անոյշ բաները։ Բոյն մըն է այն սիրաջերմ մարդկային էակին համար իր ամեն հասակներուն մէջ. անոր մէջ կը վայելէ խնամք, զոր ոչ ոք դուրսը կարող է տալ անոր, սէր անսահման, որուն հետ կարող չէ բաղդատուիլ այդ յարկին օտար էակի մը յաճախ կեղծուպատիր բարեկամութիւնը։

Հո՛ն կը հանգչի մարդ, հո՛ն կ'սփոփուի։ Հաճոյքները, զորս կը վայելէ մարդ անոր մէջ, անհամեմատ քաղցրութիւն մը ունին, եւ անբիծ անարատ են, մինչդեռ արտաքին զուարճութիւններ յաճախ պղտոր են եւ կը ձգեն իրենց ետեւ տխուր յիշատակներ։ Ռ. Ց. Պէրպէրեան։

24. Աշնան Լեռները։

Տեսայ սոխակով լեռները Մայիսի մէջ. լեռներ դեռ կանաչ էին, թարմ եւ պայծառ։

Տեսայ լեռները, սաստիկ տաքերուն. զով էին եւ կանաչութիւնը թանձր գունով մը պատած էր ամեն կողմ։

Տեսայ լեռները Աշնան մէջ։ Այդ տիրող կանաչութիւնը տեղ տեղ կարմրած էր պղնձագոյն։ Բնութիւնը իր սքանչելիքը կը պարզէր այս փոփոխութեամբ։

Անտառներու մէջ տերեւներ գալարուած ինկած էին գետին. խըշխըշացող, կակուղ յատակ մը կը կազմէին անոնք. եւ ծառերէն շատեր իրենց պղնձի կարմիրով բուսական կանաչութիւնը գունաւորած են. գալարուած ինկած այդ տերեւներն ալ պղնձացած են։

Ճարտար վրձիններ պիտի դիտէին, պիտի ուսումնասիրէին շարունակ, աչքերը շլացնող նկարներ ընդօրինակելու եւ յօրինելու համար։ — Արուեստին հրաշալի նախանձն է այդ։

Ձիու վրայ երբ կ'անցնէի անտառի ճամբաներէն, այդ վիթխարի եւ ճարտարարուեստ հովանաւորութեան մէջ, կը հիանայի սքանչելագործ մատին վրայ։

Ի՛նչ գեղեցիկ են անտառները։ Ծառերը ճամբու կրկին եզերքներուն վրայ դէմդիմաց խնդուն՝ զիրար գրկած կը համբուրեն. յաղթական կամարներ կը ձեւացնեն անոնք, որոնց տակէն ժամերով կ'անցնիս ուռած կուրծքով. ամեն կողմ գեղեցկութիւն, գեղարուեստ, ոտքիդ տակն ալ այդպէս։ — Խոնջանքս այն ատեն միայն կը հանգչէր։

Հանդիպեցայ ա՛յնպիսի ոստերու, որոնց վրայ ծառերու հիւսուած պսակները, գիծերն ու աղեղները՝ ամեն ձեւով ու մեծութեամբ, սքանչելիք էին։

Եւ ասոնք խոկմունք եւ սքանչացում միայն տուին է.

Բաբգէն Ծ. Վ. Կիւլէսէրեան։

25. Երկէ՛ր Երկէ՛ր։

Ինչո՞ւ համար այնչափ տխուր ու տժգոյն ես, Փէրտինանդ։ Անշուշտ գէշ լուրեր ինձ կը բերես։

— Տէ՛ր, ա՛լ չեմ կրնար նաւաստիքը բռնել. թէ որ ծովեզերքը չերեւնայ, ամեն բան լմնցած է. վասն զի ամէնքը մէկ բերան քու արիւնդ կ'ուզեն։

Դեռ խօսքը բերանն էր, եւ ահա կատաղի ամբոխը հասաւ։

Անոնց աղաղակը՝ խաղաղ նաւահանգստին մէջ թափուող խռովայոյզ ալիքներուն ձայնին կը նմանէր։ Մատնի՛չ, դաւաճա՛ն, կը գոչէին, ո՞ւր են մեզ ըրած խոստումներդ։ Ազատէ՛ զմեզ անօթութենէ, եւ թէ որ չունիս, արիւնդ տո՛ւր որ խմենք։

Վսեմախոհ Գոլոմպոս անոնց կատաղութեանը դիւցազնական քաղցրութեամբ մը պատասխան տուաւ։

— Թէ որ արիւնովս կրնաք երջանիկ ըլլալ, ձե՛րն է առէք. բայց թողէք, կ'աղաչեմ, որ արեւուն իր նուիրական ճառագայթներովը արեւելքը ոսկեզօծելը մէկ մըն ալ տեսնեմ։ Եթէ վաղը ազատարար ափունք մը չերեւնայ, այն ատեն ես ձեզմէ մահս պիտի խնդրեմ. բայց մինչեւ այն ատեն նոյն ճամբուն հետեւեցէք եւ վստահ եղէք Աստուծոյ։

Դիւցազին հանդարտ ու անխռով կերպարանքովը նորէն կը հանդարտին։

— Տէ՛ր, ըսածիդ պէս ըլլայ, կը կանչեն միաբերան, բայց թէ որ արեգակը առանց մեզի փրկութիւն ցուցնելու ելլէ, անոր լոյսը վերջին անգամ տեսած պիտի ըլլաս։

Եւ արեգակը հորիզոնէն վար կ'իջնէր, վերջալոյսը գիշերուան տեղիք կուտար, եւ նաւապետին կուրծքը ճընշուած՝ չէր կրնար հանգիստ շունչ առնել։

Նաւուն ողնափայտը լայնածաւալ ծովը կը պատռէր կ'անցնէր, աստղերը մէկիկ մէկիկ կ'երեւնային. բայց, աւա՜ղ, յուսոյ աստղը բնաւ չէր երեւնար, երկիրն ու փրկութիւնը շա՜տ հեռու էին։ Տխուր գիշերը անքուն կ'անցնէր Գոլոմպոս, հեռադիտակը ձեռքը եւ աչքերը անդադար արեւմուտք դարձուցած։

— Դէպ ի արեւմուտք, դէպ ի արեւմուտք թուիր, ո՛վ նաւդ իմ հաւատարիմ։ Դուն ես իղձերուս եւ ակնկալութեանցս նպատակը. օրհասական մտացմունքս ու սիրտս կ'ողջունեն զքեզ։

Բայց ի՞նչ ոտնաձայն է։

— Փերտինա՛նտ, ինչո՞ւ աւելի տխուր ու դեղնած ես, ի՞նչ լուր կը բերես։

— Տէ՛ր, բանդ լմնցած է, ահա արեւը Նուիրական Ճառագայթներովը դրօշնիս լուսաւորեց։

— Հանդարտ կեցիր, այս Ճառագայթները Աստուծոյ ձեռքէն ելած են, որ մէկ բեւեռէն միւսը կը հսկէ, եւ որոնք ու իրենց լոյսը անոր վրայ դրած են՝ գիտէ անոնց առջեւ վերջին Ճամբան բանալ։ Մնաս բարով, բարեկա՛մ, անդին ալ կը տեսնուինք։

Թուրքերու շկահինը օդը կը թնդացնէր, շղթաներ մեծաշառաչ կը պատրաստուէին. Գոլոմպոս անխռով զէնքը երկինքի Ճամբորդութեան կը պատրաստէր, եւ ահա յանկարծ չորս կողմէն այս ցնծալից ձայնը լսելի եղաւ։

— Երկի՜ր, երկի՜ր։

Զոր ոչ ոք կրցեր էր գուշակել, եւ Գոլոմպոսի հանճարը համարձակեր էր յուսալու, Նորածագ արեւուն Ճառագայթներովը լուսաւորուած կ'երեւնար, եւ Նաւաստիքը այն մեծ մարդուն ոտքը ինկած՝ իրենց շնորհակալութեան պաղատական ձայները ամենակարող Աստուծոյ կը բարձրացնէին։ Հաւաքածոյ Ա. — Դամբանաձեան։

26. Աշնային Վերջալոյս մը։

Դալկահար եւ մելամաղձիկ աղջկան մը տխուր՝ այլ թովիչ գեղեցկութեանը կը նմանի աշնան սա վերջալուսային տեսարանը, զոր հիացման բուռն հրայրքով լեցուած կը դիտեմ հիմա. կը դիտեմ ճիշդ հո՛ն՝ ուր արեւը մարը մըտնելու մօտ՝ սկսած է այլ եւս քիչ քիչ ժողովըտնելու իր ցանցնած ոսկի ցոլքերը. եւ հո՛ն՝ այդ անսահման կապոյտին վրայ, ամպերու շերտերը՝ նոյն ցոլքերէն հրդեհուած ա՛յնքան գեղեցիկ, ա՛յնքան դիւթական...։

Եւ սարսռաբեր սուր քամի մը կ'անցնի ծառերու վրայէն ու կ'իյնան անոնց տերեւները, որոնք չոր են եւ գունատ. մինչ վերջալոյսը կ'արձկէ իր յետին անզօր ցոլքերը այդ տերեւաթափ ծառերուն մէջէն, դաշտերուն վրայ դալկուն ու անծաղի՜կ...։

Ու ես յառած աչերս հո՛ն՝ ուր հետզհետէ դողդոջուն վերջալոյսը կը մարի մայրամուտքի խրոխտ լեռներու ետի՜ն՝ ալ ժողվըտելով իր ցանցնած ոսկի ցոլքերը. կը նայիմ, կը նայի՜մ շարունակ՝ սիրտս անցեալի՜ն տրտմալի միանգամայն քաղցր յիշատակներովը առլի...։

Եւ այդ վերյիշումներով պարփակուած՝ կը խորհիմ պահ մը անցնող օրուան եւ անցուցած օրերուս վրայ, որոնք ճիշդ այս պահուն կեանքիս քսանեւեօթը անդարձ տարիները կազմած են, ու կ'ըսեմ. "Ի՞նչ է կեանքը, եթէ ոչ իրագործուած յոյսերով եւ յուսախաբութիւններով խառն մեծ երազ մը, որ կու գա՜յ ու կ'անցնի՜...։"

Պօղոս Գ. Սիմոնեան:

27. Շապիկին Երգը։

(Թովմաս Հուտ:)

Մատներն յոգնած ու մաշած, կոպերը ծանրացած կարմրած, կին մը ցնցոտիներով ծածկուած, որուն խեղճութեան դէմ. հակապատկեր մըն էր իր դէմքը, նստած էր՝ յար շարժելով ասեղն ու դերձանը. կարելով կարելով, միշտ կարելով, թշուառութեան, անօթութեան եւ աղճապարանքի մէջ, եւ իր տխրահնչիւն ձայնովը կ'երգէր շապիկին երգը։

Կարէ՛լ, կարէ՛լ, կարէ՛լ. մինչ աքաղաղը կը խօսի տանիքին վերեւ. կարէ՛լ, կարէ՛լ, տակաւի՜ն կարել մինչեւ որ աստղերը փայլին առաստաղին մէջէն. — Ո՛հ, գերութիւն է այս գերութիւն, միթէ Քրիստոնէի՞ աշխատանք է այս։

Աշխատէ՛, աշխատէ՛, աշխատէ՛, մինչեւ որ խելքդ դառնայ։ Աշխատէ՛, աշխատէ՛, աշխատէ՛, մինչեւ որ աչքերդ պղտորին ու գոցուին։ Թեզանիքը կարէ, օձիքը, աստառը կարէ. մինչեւ որ կոճակներուն հասնելուդ՝ քունէդ վար իյնաս ու երազիդ մէջ ալ շարունակես կարել։

"Ո՛վ մարդիկ, որք սիրեցեալ քոյրեր ունիք, ո՛վ մարդիկ, որ մայրեր ու կիներ ունիք, կտաւ չէ՛ զոր կը հագնիք, այլ մարդկային արարածներո՜ւ կեա՛նք է. — կարէ՛, կարէ՛, միշտ կարէ՛, խեղճութեան, անօթութեան եւ աճապարանքի մէջ. կրկնակ թելերով կը կարես պատանքդ ինչպէս եւ շապիկ մը։

“Բայց ինչո՞ւ մահուան խօսքը կ'ընեմ, վտիտ, սոսկալի կմախքին խօսքը. անոր ահարկու դէմքէն չեմ վախնար ես. նա ա՛յնքան ինծի կը նմանի, ես ա՛յնքան կը նմանիմ անոր՝ ծոմապահութեան երկար օրերէ ետքը։ Ո՜վ Աստուած, կարելի՞ բան է որ հացն ա՛յսքան սուղ ըլլայ, եւ կար կարող աղջկան միսն ու արիւնը ա՛յնքան աժան ըլլան։

“Կարե՛լ, կարե՛լ, կարե՛լ. իմ աշխատութիւնս երբեք չթեթեւնար։ Եւ ի՞նչ է անոր վարձքը, յարդէ անկողին մը, չոր հաց մը եւ ցնցոտիներ, սա ճեղքած առաստաղը, այս ցուրտ տախտակամածը, կոտրած աթոռ մը, եւ ա՛յնքան մերկ պատ մը. շնորհակալ եմ ստուերիս, երբեմն այն պատին վրայ տարածուելուն համար։

“Կարե՛լ, կարե՛լ, կարե՛լ, Դեկտեմբերի միգապատ օրուան մէջ. եւ կարե՛լ, կարե՛լ, միշտ կարել, երբ օդը պայծառ է եւ տաքուկ. երբ երդիքին եզերքը ծիծեռնակները կը կանչեն իրենց բոյնը շինելու, ինծի ցուցնելով արեւէն ոսկեզօծուած փետուրնին, եւ գարունէն ալ զրկուիլս յիշեցնելով։

“Ո՜հ, իցի՜ւ թէ կարենայի շնչել զեփիւռին ու գարնանածաղիկին անո՜ւշ շունչը, կարենայի արեւը զգալ գլխուս վերեւ, ու խոտը ոտքիս տակ. կարճ ժամ մը միայն, մէկ ժամ կարենայի զգալ ինչ որ զգացի կարօտութեան տառապանքները ճանչնալ սկսելէ առաջ, երբ մէկ շրջագայութեան համար դեռ ճաշէ մը չէի զրկուեր։

“Ո՜հ, կարճ ժամ մը միայն, մէկ ժամ կարենայի շունչ առնել, կարճ շունչ մը, ո՛չ թէ երջանկաւէտ արձակուրդ մը՝ սիրելու կամ յուսալու համար, այլ միայն հանգստեան ժամ մը վշտակրութեան համար, լալու համար քիչ մը, որով սիրտս կը թեթեւնար. բայց կոպերուս տակ պէտք է որ դառն արցունքներս չորնան. զի մէն մի արտօսր կրնայ կասեցնել ասեղս եւ դերձանս։”

Թարգմանեց Բիւզանդ Քէչեան։

28. Գիւղի Եկեղեցին եւ Անոր Քահանան։

Մեր գիւղի եկեղեցին հողակերտ ու փայտաշէն է, որ մի քանի տարի առաջ հազիւ հազ նորոգուեցաւ. տես, սեղան պարզ, անպաճոյճ, փայտակերտ, կոպիտ շինուած մի խաչկալ ունի, վէմ-քար ու մոմակալ աստիճաններ անշուք մրջոտած կտաւով ծածկուած են. պատարագի ժամանակ հազիւ թէ երկու մոմ կը վառուին, ուրիշ ժամանակ բաւական է մի փայտէ ճրագակալ եւ վրան հողէ ճրագ բոլորովին ձիթոտած ու մրջոտած. սեղանի տերունական պատկերը տես ի՛նչ անձեւ եւ անարուեստ է։ Եկեղեցւոյ յատակը եւ սեղանի վրայ միայն փսիաթներ փռուած են։ Գիւղական եկեղեցիներ մեծ մասամբ վերնատուն չունին, այր մարդիկ առաջ կը կանգնին, կիներ ետեւի կողմ։

Թողունք այս նիւթական անշքութիւնը, որ Աստուծոյ տիեզերական փառքին առաջ նշանակութիւն չունի, որուն աթոռ երկինք է եւ ոտքին պատուանդան՝ երկիր։ Գանք բարոյական մասի նկարագիր հանել։ Մի ծերունի քահանայ ունինք, ցուպը ձեռքը դողդողելով հազիւ եկեղեցի կուգայ. աչքեր Իսահակ Նահապետի պէս վատատես եղած են ի վաղուց, բայց ինքն եկեղեցւոյ ժամերգութեան շատ բաներ գոց ըրած է եւ կը կարդայ. ինքն երկիւղած, բարի եւ ժողովրդասէր քահանայ մըն է։ Խ. Հ.

29. Գիւղացին եւ Օձը։

(Առակ։)

Գիւղացի մը, որ արտեր ու ջաղացքներ ունէր եւ գիւղացւոց մէջ բաղդաւոր ու հարուստ մէկն էր, իր յաջողութեան բաղդը կը պարտէր այն սեւ օձին, որ անոր տան մէջ կը բնակէր։ Մէկ հատիկ զաւակ մը կ'ունենայ այս գիւղացին, եւ որովհետեւ օձը սովոր էր տան մէջ համարձակ շրջելու, երախան օր մը օձին հետ խաղալով՝ անոր պոչը իր ափին մէջ սաստիկ կը ճզմէ. որքան կը ջանայ օձը՝ կարող չըլլար իր պոչը ազատելու տղուն ձեռքէն։ Ճարը հատած կը խայթէ տղուն թաթիկը. տղան կը թողու պոչը, ու կը թունաւորուի միանգամայն. օձը իր խայթածին ու թունաւորածին հետեւանքը գիտնալով՝ կը փախչի տան մէկ անկիւնը կը կծկի. ժամեր կ'անցնին, եւ տղան վերջապէս կը մեռնի:

Տղուն հայրը սաստիկ կսկիծէն ուրագը կը վերցնէ օձին կը զարնէ, օձին պոչը կը կտրի եւ օձը իր գլուխն ու մնացեալ մարմինը առած կը փախչի տունէն ու գիւղէն դուրս քարերու մէջ կ'ապրի: Օրեր կ'անցնին, բայց հետզհետէ այդ գիւղացւոյն բաղդը կ'աւրուի: Օր մը իր կնոջը հետ կը մտածեն. "Երթանք մեր օձը նորէն մեր տունը հրաւիրենք բերենք, որպէս զի մեր բաղդը վերադառնայ:„ Եւ կ'երթան քարերու մէջ կը կանչեն իրենց օձը. ան պատասխան կուտայ. "Ինչպէս ձեզ՝ նոյնպէս ինձ փափաքելի է այդ, բայց ա՛լ անկարելի է. քանի որ դուք ձեր զաւկին մահը յիշէք եւ ես ալ իմ պոչը, իրարու հետ չենք կրնար հաշտ ապրիլ:„

Գ. Ծպիւկ. Սրուանձտեանց:

B. Poetry.

1. Նապաստակ:

Ա՜յ նապաստակ իմ սիրուն,
Շո՛ւտ վերջ տուր այդ խաղերուն:
Ո՜հ, չե՞ս տեսներ դու միթէ,
Որսորդը քեզ կը դիտէ:
Փախի՛ր, փախի՛ր, սիրելիս,
Որ չըլլայ թէ զարնուիս:

Նապաստակը խորոտիկ
Աչքերն դարձուց բոլորտիք.
Եւ ականջներն իր բարակ
Տնկեց, փախաւ շատ արագ.
Որսորդն ուղղեց իր հրացան —
Դո՜ւմմմ — գնդակ, վառօդ փճացան:

Մխիթար Գոնտացի:

2. Առաւօտեան Աղօթք։

Փա՜ռք Քեզ, Յիսուս իմ մարդասէր,
Որ պահեցիր զիս այս գիշեր.
Տուիր անոյշ երազ ու քուն
Մինչեւ հասան ժամերն այգուն։
Պահէ՛ նաեւ այսօր ու միշտ
Ծնողքս ու զիս անփորձ անվիշտ.
Տո՛ւր որ ըլլամ անմեղ ամբիծ
Եւ արժանի սիրոյն Երկնից.
Արդիւնաւէտ եւ անգին
Ըլլան օրերն իմ կեանքին։ Ամէ՛ն։

3. Երեկոյեան Աղօթք։

Անցան ցորեկուան ժամեր լուսավառ,
Րամեր հաւքերու մտան իրենց թառ.
Մինչ կ'ուզեմ ես ալ մտնել անկողին,
Ի քուն փակել իմ խոնջ ականողին,
Նուիրեմ Քեզի, Աստուա՛ծ կաթոգին,
Էութիւնս համակ, իմ սիրտն ու հոգին։ Ամէ՛ն։

4. Սեղանի Աղօթք։

Փա՜ռք Քեզ, ո՛վ Տէր,
Որ մեր սեղան
Քու բարիքներ
Միշտ կը տեղան։

Շնորհէ՛ նաեւ
Հոգւոյդ սնունդ
Որ յարատեւ
Օրհնենք անունդ։

Տո՛ւր աղքատին
Առօրեայ հաց
Որ փարատին
Ամպեր վշտաց։

Ո՛հ, ապրինք յար
Փառքիդ համար։ Ամէ՛ն։

5. Կակաչն ու Մեխակը:

Փունջի մը մէջ, ուր ծաղիկներ շատ կային,
Կակաչն օր մը քովն էր ինկեր մեխակին.
Քիչ ատենէն անոր բուրումն էր առեր.
Օգտակար է միշտ ունենալ լաւ ընկեր:

Զապէլ Կ. Տօնէլեան:

6. Երաժշտութիւն:

Երբ կը զարնես դու մանտոլին
Ու ես յուզուած ունկընդրեմ,
Կ'ըսեմ՝ երգն է պլպուլին
Որ գեղգեղէ այգուն դէմ:

Երբոր զարնես մանտոլին
Ի՞նչ շեշտեր զերդ մարգարիտ
Մատիկներուդ տակ ծըլլին,
Հատիկ հատիկ ու վըճիտ:

Երբ կը զարնես մանտոլին
Ա՜յնքան անոյշ մեղմօրօր,
Վիշտ ու ցաւեր կը հալին
Մոմիկին պէս Տիրամօր:

Բայց երբ զարնես մանտոլին՝
Վսեմապէս կորովի,
Կարծես շանթեր թաւալին,
Անըզգան ալ խըռովի:

Երբ նուագես մանտոլին՝
Խոնարհիմ քու առջեւ ես,
Զի սեւ աչքերըդ փայլին
Ներշընչուած քրմուհւոյն պէս:

Քու ձեռքիդ մէջ մանտոլին
Որփէոսի հոգին է.
Հրեշտակներն ալ կ'զմայլին
Նախանձին քեզ, Աթինէ:

Երբոր զարնես մանտօլին,
Յետոյ յոգնած մըրափես,
Այդ տեսքն է էն սըխրալին...
Կ՚ապշինք որ դեռ մանուկ ես։

(Մասիս) Մ. Աճէմեան։

7. Ծառը։

(Հին առակ։)

"Կաղնի մ'եմ ես յաղթ ու վըսեմ,
Բարձր, հաստարմատ եւ հուժկու,
Գըլուխս հասնի ամպերու սեմ,
Ծաղրէ կայծակն ահարկու։

"Իմ թանձր ու թաւ ոստոց մէջէն
— Անյաղթ մազեր Սամփսոնի, —
Վայրագ հովեր ի զո՜ւր փըչեն,
Յորոց աշխարհ սասանի։

"Արեւ, անձրեւ, ձիւն ու կարկուտ,
Տարերց զայրոյթն, ոխ ու քէն,
Չեն խորտակեր ոյժս անկապուտ,
Ես չեմ վախնար երկինքէն...։

"Ճիւղերուս մէջ պատըսպարին
Թռչնոց բոյներ բազմաթիւ,
Որոնց զուարթ երգ ու պարին
Ականջ դընեմ ցայգ ու տիւ։

"Շուքիս ներքեւ հովիւք յամեն,
Մոռնան վիշտ, ցաւ, ամեն բան,
Մինչ փառքս երգեն սարեակք ամեն
Եւ սոխակներ օրհնաբան։

"Ոտքերուս տակ բոյսեր բոլոր,
Թըզուկ, գաճաճ են չնչին,
Որք ուշ կամ վաղ, ոլոր մոլոր,
Կոտրին, փըշրին, կորընչին։

"Ես անսասան եւ պերճ կոթող,
Ապրիմ, տեւեմ ծառ հըսկայ.
Ձիս տապալող կամ ինձ յաղթող
Աշխարհիս մէջ ոչինչ կայ։"

— Մայր բընութիւնն արդար կիրքով
Անոնց դէմ որ յոխորտան,
Հըպարտ ծառին արմատին քով
Ո՛րդ մը դըրաւ անպիտան։

Աղեքս. Գ. Փանոսեան:

8. Վարդին փուշը։

Ինչո՞ւ հայրիկ,
Կ'ըսէր Ցարիկ,
Վարդը քընքուշ
Ունի սուր փուշ։

— Ոչ վարդ միայն
Այլ ամէն բան
Է երկնից տակ
Փըշոտ, որդեա՛կ։

Երկինքն հոն վեր
Բուսած վարդեր
Չունին բիծ, փուշ,
Են միշտ քընքուշ։

Հ. Արսէն Ղազիկեան:

9. Խաղողը։

Տերեւներուն մէջէն բարակ,
Որք սընդուսի կը նմանին,
Կուռ ողկոյզներ սեւ ու ճերմակ
Վար կը կախեն հատիկներնին։

Ոմանք երկայն, ոմանք կըլոր,
Մանրիկ, փայլուն եւ լուսանցիկ,
Տերեւներուն վըրայ խոշոր՝
Կը կարծըւին բանուած ծաղիկ։

Արցո՞ւնք են թէ շաղի կաթիլ,
Ամպին ցանցէն ցօղուած շիթ շիթ,
Զըմրո՞ւխտ արդեօք, վա՞րդ նորածիլ,
Կամ աստղերէ՞ն ինկած ժըպիտ։

Անոնք արցունք չեն, ոչ գոհար,
Ոչ ալ ծաղիկ, ոչ ալ կիտուած.
Անուշ խաղող են զովարար,
Միրգ, զոր միայն օրհնեց Աստուած։

Զայն չինեցին լոյս հրեշտակներ
Նուրբ մատներովն իրենց ճարտար,
Այգիներուն աշնան նուէր,
Սիրուն տղաք, ձեզի համար։

Զապէլ Կ. Տօնէլեան:

10. Ցողող Թուշան։

(Աւանդավէպ։)

Չըքնաղ առտու մը գարնան,
Ցօղոտ, կիսալոյս,
Աղուոր աղջիկ մ'աննըման,
Հարսնցու մի կոյս։

Լոգարանին մէջ մինակ,
Անփոյթ պչրանքով,
Կը լուացուի ու ճերմակ
Շուշան մ'է տեսքով։

Մազերն սփիւռ ոսկեզօծ՝
Կը սանդրէ անի,
Ու կը սարսուան լանջքը հոծ
Եւ պորտն հոլանի։

Ու վարսերը կը ցրուին,
Վիժակ՝ սռնապան՝
Ծըփալով շուրջն իր մարմնին,
— Խորան մաքրութեան։

Այլ բաղնիքին կիսաբաց
Դուռէն՝ աղջըկան
Եղբօր աչքն է հանդիպած՝
Քըրոջ մերկութեան . . .։

Օ՜հ, ի՜նչ ամօթ, Աստուա՜ծ իմ,
Փըրկէ՜, փրկէ՜ զինք.
«Թռչուն մ՚ըլլամ ու թռչի՜մ
Երկինքէ երկինք, . . :»

Եւ աղուորը սարսռագին
Ցանկարծ կ՚առնէ թեւ,
Մոռցած սանտրը դեռ գլխին՝
Մազերուն վերեւ:

*

Ցոպոպ թռչունն է այսօր
Սիրուն աղջիկն այն,
Բըբուկն ալ՝ սանտրը անոր,
Ըստ աւանդութեան:

Արտաշէս Յարութիւնեան:

11. Լոռէլայ:

(Հ. Հայնէ:)

Է՞ր, չըգիտեմ, տխո՛ւր եմ այսքան,
Անյայտ է ինձ վշտիս պատճառ.
Զըրոյց մը հին վաղընջական
Միտքս է ինկեր, չերթար՝ յամառ:

Զով է օդը, ու կը մթնէ,
Եւ Հռենոս հոսի անխռով,
Լեռան կատար բոցագոյն է
Արփւոյն վերջին նըշոյլներով:

Հըրաշագեղ ու աննըման
Աղջիկ մը հոն վերն է նստել.
Զարդերն ոսկի կը շողշողան,
Կը սանտրէ մազն իր ոսկեթել:

Կը սանտրէ զայն սանտրով ոսկի,
Ու մի եւ նոյն ատեն կ՚երգէ.
Կը խըռովի երգէն հոգի,
Ա՛յնքան մոգիչ կ՚եղանակէ:

Իր կուրին մէջ նաւավարը
Վառի տենչով մը մոլեգին.
Ա՛լ չի տեսներ խութն ու ժայռը.
Միայն ի վեր աչքերն հային։

Ալիք՝ կարծեմ թէ հուսկ ապա
Կուլ կուտան նաւն ու նաւավար,
Ու Լոռէլայն է որ կ'ըլլայ
Իրեն երգովն անոր պատճառ։

Ռ. Ց. Պէրպէրեան:

12. Իմ Մահը։

Եթէ տըժգոյն մահու հրեշտակ
Անհուն ժպտով մ'իջնէ իմ դէմ...
Շոգիանան ցաւքս ու հոգիս,
Գիտցէք որ դեռ կենդանի եմ։

Եթէ սնարըս՝ իմ տիպար
Մոմ մը վըտիտ ու մահադէմ,
Ո՛հ, նըշուլէ ցուրտ ճառագայթք,
Գիտցէք որ դեռ կենդանի եմ։

Եթէ ճակտովս արտօսրաղօծ
Զիս պատանի մէջ ցուրտ զերդ վէմ
Փաթթեն, դընեն սեւ դագաղը,
Գիտցէք որ դեռ կենդանի եմ։

Եթէ հնչէ տխուր կոչնակ՝
Թրթռուն ծիծաղն մահու դըժխեմ,
Դագաղս առնէ իր յամըր քայլ,
Գիտցէք որ դեռ կենդանի եմ։

Եթէ մարդիկն այն մահերգակ՝
Որք սեւ ունին եւ խոժոռ դէմ՝
Համասփռեն խունկ ու աղօթք,
Գիտցէք որ դեռ կենդանի եմ։

Թէ յարդարեն իմ՝ հողակոյտ,
Եւ հեծեծմամբ ու սըգալէն
Իմ՝ սիրելիքը բաժնուին,
Գիտցէք որ միշտ կենդանի եմ։

Իսկ աննըշան եթէ մընայ
Երկրի մէկ խորշն հողակոյտն իմ,
Եւ յիշատակս ալ թառամի,
Ա՜հ, այն ատեն ես կը մեռնիմ։

Պ. Դուրեան։

13. Տաղանաքէրը։

Աշնան չորցած թուփերու հետ
Հովիկն այն ալ քըշեց տարաւ.
Վաղաթարշամ ծաղիկն անհետ,
Դեռ չը բուրած խպա՛ռ կորաւ։

Սեւ գերեզմա՛ն մը փորեցին,
Լացող չեղաւ անոր վըրան.
Սիրոյ համար ծընած հոգին
Անսէր իջաւ ի գերեզման։

Կորիւն Մկրտչեան։

14. Ձիւնը։

Ակնախըտիղ անբըծութիւն մը վերէն
Երկնից վըճիտ բարձրութենէն կ՚իջնէր վար,
Վարանելով, օրօրուելով, ծուլօրէն,
Քալուածքին պէս կնոջ մարմնեղ եւ ըստուար։

Ու փողոցին մայթին վըրայ կը փըռէր
Ճերմակութիւնն իրեն քնքուշ՝ ցեխին քով.
Ոտքերու տակ կը կոխկըռտուէր, կը լըռէր,
Անտրտունջ միշտ ու քիչ մըն ալ հաճոյքով։

Վերէն հիմա ձիւնը առատ կը մաղուէր,
Յօժարակամ թողլով եթերը կապոյտ.
Անձնամատոյց կ՚իյնէր ան որ կը թաղուէր
Փոսի մը մէջ ցեխի, անհոգ ու անփոյթ։

Գ. Զօհրապ։

15. Լեղակները:

Աստղեան մեղմ սիւքին տակ,
Մեղմ՝ համբոյրին պէս կոյսի,
Կը դողդղան մեկուսի
Լուրթ լեղակներն ու ճերմակ:

Մեղմ՝ համբոյրին պէս կոյսի,
Առի անոնց բոյրն յըստակ.
Լուրթ լեղակներն ու ճերմակ
Տարփոտ լանջեր են՝ ըսի:

Առի անոնց բոյրն յըստակ,
Ինչպէս հեւք մը նոր հարսի.
Տարփոտ լանջեր են՝ ըսի,
Ցոլքերն այգուն, լոյծ լեղակ:

Ինչպէս հեւք մը նոր հարսի՝
Լեղակն հեշտանք մըն է տաք.
Ցոլքերն այգուն, լոյծ լեղակ,
Պզտիկ ծովեր են վարսի:

Վահան Մալէզեան:

16. Բանալին:

Դասարանի ժամերէս վերջ սըրընթաց,
Երբ կը դառնամ տուն՝ մըտքով խոնջ ու ցընդած,
Հազիւ էմքին կ'անցունեմ դըրան բանալին,
Ջուխտ աստղիկներ յանկարծ առջիս կը փայլին,
Հրեշտակիկներ անթեւ՝ Լուսինն ու Նըւարդ,
— Մին՝ շահոգրամ բուրեղ, քնքուշ՝ միւսը վարդ —
"Հայրիկս եկաւ, Մայրիկ" — յանկերգը կրկին
Իրենց երգին — կ'ընէ իմ տունըս՝ երկին . . .
Եւ կը մոռնամ խոնջանք, հոգ, վիշտ, ամէն ինչ,
Մինչեւ աչքերըս ծանրանան քաղցր ի նինջ . . .:

Զզուած կեանքի խուլ ժխորէն անախորժ,
Կ՚առանձնանամ խցիկիս մէջ՝ — լռիկ խորշ —.
Պզտիկ բանլիք մը դառնալով կամացուկ՝
Ինձ կը բանայ գրադարանիս փեղկեր զոյգ:
Ա՜հ, հոգեցունց, նուիրական այդ պահուն՝
Խորհուրդներու· խորքին՝ անծիր ու անհուն
Ի՜նչ աշխարհներ — Համայնացոյց Արարչին —
Կը թաւալին՝ անթարթ աչացըս առջին . . .:
Եւ կը սկըսիմ ես ալ դառնալ անոնց հետ,
Մինչեւ անձուկ մոլորի միտքըս անհետ . . .:

Անցեալն՝ որ դառն՝ ոմանց, այլոց՝ անուշ էր —
Սիրտս ու հոգիս չարչըրկող որքան յուշեր
Արդեօք թողած է գանկիս տակ, ո՞վ գիտէ . . .
Կրնա՞մ՝ զանոնք մոռնալ վայրկեա՛ն մը միթէ . . .:
Ներկա՜ն . . ցընդում մ՚ըստուերներու որ խուսին —
Կրկնապատկէ իղձերս — վիշտերս խօլ ու սին —.
Բայց երբ ուղղեմ անզօր նայուածքըս հեռո՜ւն՝
Անպարագիր հորիզոնին սեւեռո՜ւն՝
Ո՛ւր՝ կեանք, երազ իրար գրկած կը հալին,
Ո՞վ տայ պիտ՚ ինձ աղաթային բանալին . . .:

Ա. Կ. Կիւրքճեան:

17. Սխրանք:

Գիշերն աստղեր ու լուսնակ,
Ցերեկն ալ ցոլքն արեւուն
Կը ցոլացնէ շարունակ
Երկնից կապոյտըն անհո՜ւն,
Թափանցէ՛ն:

Թռչող ամպերն սպիտակ,
Ծառեր, թռչունք ու մարդիկ
Կը ցոլացնէ լուրթ — լըճակ
Իր ալեաց մէջ հանդարտի՛կ
Թափանցէ՛ն:

Պատկերները շքեղ անթիւ,
— Երկնից, ծովուն, ցամաքին —
Կը ցոլացնէ ցայգ ու տիւ
Պատուհանին ապակին
Թափանցիկ։

Բայց, ի՜նչ անմեղ սիրտ մ'անվիշտ,
Հոգի՛ մ'անբիծ, անարատ,
Կը ցոլացնեն, Մանկի՛կ, միշտ
Ժպտող աստղերըդ ջուխտա՛կ
Թափանցիկ։ *Ա. Կ. Կիւրղպեկեան:*

18. Ցուխտեանները։

Երկինքի չափ ի՞նչ կայ խոր,
Ի՞նչ օդի նման կենսոլոր,
Հզօր ի՞նչ կայ քան զսէր,
Ծովու պէս ի՞նչ մշտերեր.
Երկիրի զոյգ հաստատուն,
Ի՞նչ արեւի պէս հրաբուն
Կրօնքի նման սուրբ ու խոր,
Քան զլուսին ի՞նչ աղուոր.
Իղձի պէս ի՞նչ կայ հարուստ
Ի՞նչ գոյութեան զոյգ անուստ.
Այս ամենուն մէջ, ո՛հ, ի՞նչ
Հաստչին ցոլքին պէս կայ ջինջ։

Ց. Գ. Մ.:

19. Պանդուխտին Մահը։

Մի՛ լաք, հայր իմ ու մայրիկ,
Կո՛յս, մի՛ լար, թէ երթամ
Հեռու երկիր պանդխտիկ,
Այլ շուտով ետ դառնամ.
Ո՛հ, մէկ աւանդ սիրական
Տո՛ւր ինձ, մա՛յր, քու համբոյր։
Առաւ համբոյրն ու գնաց.

Այլ ի տար աշխարհին
Թռաւ արեւն իր կենաց
Ի ծաղիկ հասակին.
Լացէք, հայր իմ ու մայրիկ,
Լա՜ց, ո՛ կոյս, զի երթամ
Հեռու երկիր պանդխտիկ
Մեռանիմ ես անժամ։

Ս. Պէշիկթաշլեան։

20. Խաբուած Սէր։

Առտու մը ձմրան
Տեսայ զայն մինակ,
Ձեռքը թաշկինակ,
Նստած բլրին վրան։

Աչքն արցունքներով
Կը նայէր հեռուն,
Սեւ սեւ ամպերուն
Ու ծովուն խռով։

“Ի՞նչ ունիս, աղջիկ.
Տրտում, մըտածկոտ,
Ի՞նչ կը փնտռես հոդ,
Ու կուլաս մնջիկ։„

“— Անփորձ, հրապուրած
Առաջին օրէն,
Հաւատացի իրեն,
Խաբեց զիս, գընաց . . .։„

Կ. Ոսկեան։

21. Անվերադարձ։

Գարունները միշտ հիներն են
Վարդածիծաղ ու բոցանոյշ,
Ամպեր կապոյտ, աչքեր մեղոյշ,
Գինովութիւն մը կը բուրեն։

Ալեակներ նո՛ր են յաւիտեան,
Վաղն արշալո՛յսն է նոր դարուն,
Վիշտեր սրտէն փախչին հեռուն,
Ու խառնըւի՛ն հին մթութեան։

Երազանքի քաղցր են օրեր,
Լուսով, բոյրով շաղուած յաւէտ,
Կեանքի ուղին միշտ արփաւէտ՝
Ծաղիկներու մէջն է պահուեր։

Գետը պղտոր չէ՛ ալ հիմակ,
Վճիտ ջուրով կը ծաւալի,
Լուսընկային զերդ հայելի,
Լճակին պէս անդո՛րր համակ։

Հառաչ չունի՛ իր երգին հետ,
Ժայռերը ցաւ չե՛ն տար իրեն,
Կ՚անցնի անձայն ափունքներէն,
Ովկիանին մէջ կըլլայ անհետ։

*

Հոգին սակայն չուզեր հաւտալ,
Ամէն բան կեղծ կուգայ կարծես,
Մութին մարող ասուպին պէս
Կ՚ուզէ ինք ալ մութի՛ն երթալ։

Կը վերածնին միշտ գարուններ,
Թռչունները կուգան նորէն,
Տե՛ս արծիւներն ալ ամպերէն
Կը սըլանան աւելի վեր։

Կ՚որոնեմ զո՛ւր ու սրտաբեկ,
Ձեզ չի տուի՛ գերեզմանին,
Շուրջըս համայնք վերածաղկին,
Մտերմութի՛ւն, հաւա՛տք, ո՞ւր էք։

Ռ. Որբերեան։

22. Կ——ն——։

Ա՜յ, թռչնա՛կ սիրուն, թռչնա՛կ աննըման,
Դո՛ւ հաւատարիմ կարապետ գարնան.
Կանաչ ու անթառամ է միշտ քու պուրակ,
Քու երկնակամար՝ ջինջ ու կապուտակ.
Վըշտով չեն թրթռար քնարիդ թելեր,
Եւ քու տարուան մէջ կը պակսի ձըմեռ։

Իցէ՜ կրնայի, ո՜հ, ազատաթեւ
Սաւառնիլ քեզ հետ, թռչիլ յարատեւ,
Եւ ամէն տարի ընել մի շըրջան՝
Գարնան լինելու ընկեր անբաժան։

Տ. Վ.

23. Թռչունին։

Մինչդեռ ույժ ունիս դու ամենայն օր
Ապրուստի համար քրտինք թափելու,
Ամաչէ՛ր, ո՛վ մարդ, կարկառած ձեռքով՝
Աղքատի նման՝ չոր հաց մուրալու։
Իսկ երբոր չունիս բնաւ ոչ մի յոյս
Քու ույժի վրայ — առանց տատանման
Հայրենի երկիրդ օրհնելով՝ պառկէ՛ր
Եւ լուռ անմռունչ մտի՛ր գերեզման։

Թարգմ. Ռ. Անտիկեան։

IV. Vocabulary.

A. Armenian-English.

(Բառագրքուկ Հայերէն-Անգլիերէն։)

— Indicates the repetition of the same word. Words in parentheses serve to complete the sense of those words that precede or follow them.

Ա.

ագարակ farm.
ագի tail.
ազատ free; — **արար** deliverer, liberator; — **ել** to save.
ազգ nation; — **ական** relative.
ազնուական nobleman.
աթոռ chair.
աժան cheap.
ալ too, also.
ա՛լ չ... no more.
ալիք wave.
ախոռ stable.
ախորժակ appetite.
ախորժիլ to like.
ածել to lay; to play (on piano etc.).
ածելի razor.
ածիլել to shave.
ականջ ear.
ակնկալել to expect.
ակնկալութիւն expectation, hope.
ակումբ club.
ակռայ tooth.
ահարկու terrible.
ահա(ւասիկ) here is, here are.
ահռելի shocking, horrible.
աղ salt.
աղալ to grind.
աղաղակել to cry.
աղաչել to entreat, to supplicate.
աղաւնի pigeon.
աղեղ bow.
աղերս supplication; — **արկու** supplicating.
աղմուկ noise.
աղջիկ girl.
աղտոտ dirty.
աղցան salad.
աղքատ poor.
աղօտ dim.
աղօրէպան miller.
աղօրիք mill.
աճապարանք haste.
աճիլ to grow.
ամայի desert.
ամառ summer.
ամբոխ crowd, multitude.
ամբողջ whole.
ամեհի fierce, furious, raging.
ամեն every, all.
Ամենակարող Almighty.
ամիս month.
ամուլ barren.
ամուսին spouse.
ամուսնանալ to marry.
ամուր firm, strong.
ամուրի bachelor.
ամչնալ to be ashamed.
ամպ cloud.
ամփոփել to comprise, to comprehend.
ամօթ shame; — **ահար** confused, abashed.
այբուբեն alphabet.

այգեկութ vintage.
այգի vineyard.
այլանդակ queer.
այծ goat; — եամ buck; — եմնիկ doe.
այսօր to-day.
այտ cheek.
այր husband.
այցելել to visit.
անապատ desert, wilderness.
անասուն animal.
անարգել to despise.
անգամ even; times; — մը once.
անգութ merciless.
անգիտակ unawares, unconscious.
անդադար incessantly, ever.
անզօր feeble, weak.
անընդհատ constantly.
անիծել to curse.
անիրաւ wrong; — ել to do wrong, to do an injustice.
անիւ wheel.
անխոհեմ imprudent.
անխռով calm.
անծանօթ unknown, stranger.
անկողին bed.
անկանոն irregular.
անկատար imperfect.
անկարելի impossible.
անկեղծ sincere.
անկիւն corner.
անհամեմատ incomparable.
անձ person; — նական personal; — նաւորութիւն personage.
անմահ immortal.
անմեղ innocent.
անշուշտ assuredly, certainly.
անողորմ relentless.
անոյշ sweet.
անուանել to name, to call.
անուն noun, name.
անպաճոյճ plain, unadorned.
անսահման immense.
անտառ forest, woods.
անցաւոր transient, fleeting.
անցեալ past, last.
անցնիլ to pass.
անօթի hungry.
անօթութիւն hunger.
աշակերտ pupil, disciple.
աշխատանք labour.
աշխարհ world: — աբար modern (Armenian).
աշուն autumn.
աչք eye.
ապահովցնել to assure.
ապառնի future.
ապերախտ ungrateful.
ապերջանիկ unhappy.
ապշիլ to be astonished.
ապուշ stupid, silly.
ապուր soup.
ապսպրել to order.
ապստամբ rebel; — ութիւն revolt, rebellion.
ապրանք goods, wares.
Ապրիլ April; to live.
աջ right (hand).
առած proverb.
առանց without.
առաջ before, ago; — ին first; — ը the former.
առաջարկութիւն offer, proposal.
առաստաղ roof, ceiling.
առատ abundant.
առարկել to object.
առաւօտ morning.
առաքինի virtuous.
առաքինութիւն virtue.
առիւծ lion.
առնել to take.
առուակ brook.
առջեւ before; — ելլել to meet.
առտու morn.
ասեղ needle.
ասղաման needlecase.
ասուի cloth.
ասպետ knight.
աստառ lining.
աստղ star.
Աստուած God; — աշունչ Bible.
ատել to hate.
ատեն time; — օք once, formerly.
արագիլ stork.
արարած creature.
արգիլել to forbid, to prevent.
արդար just; — եւ indeed; ութիւն justice.
արեգակ sun.
արեւ sun; — ելք east; — մուտք west.
արթնցնել to wake.

արժանի worthy: — ըլլալ to deserve.
արժել to cost.
արժէք worth, price.
արի valiant, brave.
արիւն blood.
արծաթ silver.
արձակուրդ holiday.
արմատ root.
արմաւ date; — ենի date-tree.
արմտիք corn, production.
արջ bear.
արուեստ art; — ագէտ artist.
արտ field.
արտոյտ lark.
արտօսր, արցունք tear.
արքունիք court.
աւազ sand.
աւազակ robber.
աւանակ donkey.
աւանդութիւն tradition.
աւարտել to conclude.
աւել broom.
աւելնալ to be added.
աւլել to sweep.
ափ palm of the hand.
ափն, ափունք shore, coast.
աքաղաղ cock.
աքացել to kick.

Բ.

բազմոց sofa, seat.
բազկաթոռ arm-chair.
բազուկ arm.
բաժակ glass, cup.
բաժնել to divide.
բակ yard.
բաղդ fortune, fate.
բաղդատել to compare.
բաղխել to knock.
բաղձանք wish, desire.
բաղնիք bath.
բայ verb.
բան thing; ամեն — լմնցած է all hope is lost.
բանալ to open; — ի key.
բանաստեղծ poet.
բանուած enamelled.
բանտ prison; — արկել to imprison.
բաշխել to distribute.
բառ word; — արան dictionary.
բարակ thin, slender, subtile.
բարբառ dialect, tongue.
բարեբաղդ fortunate.
բարեկամ friend.
բարեձեւ handsome.
բարերար benefactor.
բարեւ compliment, salutation.
բարի good.
բարկանալ to be angry.
բարձր high; — ահասակ tall.
բարոյական moral.
բարութիւն goodness.
բարւոքել to improve, to perfect.
բարօրութիւն welfare.
բաց open; կիսա — ajar.
բացառութիւն exception.
բացատրութիւն explanation.
բաւական enough, sufficient.
բբուկ crest.
բեռ burden, load; — նակիր porter.
բերան mouth; մէկ — with one voice, unanimously.
բերել to bring.
բեւեռ pole.
բթամիտ dull.
բիւր ten thousand.
բլուր hill.
բնակիլ to dwell, to live.
բնակիչ inhabitant.
բնաւորութիւն disposition.
բնիոն farthing, mite.
բոյն nest.
բոյս herb, plant.
բովանդակել to contain, to comprise.
բութ blunt.
բուն original, proper.
բուռն violent, intense.
բուսական vegetable.
բուսնիլ to sprout, to grow.
բուրդ wool.
բուրում fragrance.
բռնել to hold, to seize.
բրդեայ woollen.
բրեմ to dig, to hoe.
բրինձ rice.
բրուտ potter.

Գ.

գագաթ top; — նակէտ Zenith.
գալ to come.
գալարուած wriggled.
գահ throne.
գաղափար opinion, idea.
գաճաճ dwarf.
գամ nail; — ել to drive (a nail).
գայլ wolf.
գանգատիլ to complain.
գանձ treasure; — ապետ treasurer.
գառաւաքեղ menagery, cage.
գառնուկ lamb.
գարեջուր beer.
գարեջրատուն alehouse.
գարուն spring.
գաւազան stick, sceptre.
գաւաթ cup.
գեղանի fine, handsome, beautiful.
գեղարուեստք fine arts.
գեղեցիկ beautiful.
գետ river; — ակ stream; — ափ bank.
գետին ground, earth.
գերի slave.
գերութիւն slavery.
գէշ bad.
գէր fat.
գիծ line.
գին price.
գինեմոլ drunkard.
գինի wine.
գինով drunk; — նալ to get —.
գիշեր night; — բարի good —.
գիտնալ to know.
գիտութիւն science, learning.
գիր letter, character.
գիրնալ to become fat.
գիրք book.
գիւղ village; — ացի peasant.
գլխարկ fez, hat.
գլխաւոր chief, principal.
գլուխ head; chapter.
գծագրել to draw.
գնել to buy, to purchase.
գնդակ bullet.
գոգնոց apron.
գոհ contented; — ունակութիւն contentment.
գոհար jewel.
գող thief; — նալ to steal; — օն theft.
գոմ stable.
գոյն colour.
գոչել to exclaim, to cry.
գոռալ to roar.
գովել to praise.
գովեստ praise, eulogy.
գործ work, affair, deed, business; — ադրել to fulfil, to execute; — ածութիւն use; — աւոր workman.
գորշ gray.
գորովագութ affectionate.
գոց shut; — ել to shut; — ընել to learn by heart.
գուլպայ stocking.
գումարուիլ to assemble, to convene.
գունատ pale, tarnished.
գունաւորել to dye, to colour.
գուշակել to predict, to foresee.
գտակ cap.
գտնել to find, to discover.
գրաբար literal; հայ — ancient Armenian.
գրասեղան desk.
գրատետր writing-book.
գրել to write.
գրիչ pen.
գրկել to embrace.
գրող writer.
գրչակալ pen-holder.
գրպան pocket.
գրքոյկ or գրքուկ manual.

Դ.

դագաղ coffin, bier.
դադրիլ to cease.
դալկահար icteric.
դահեկան piaster.
դանակ knife,
դաշնակ piano.
դաշնակցութիւն confederation.
դաշտ field, plain.
դառն bitter.
դառնալ to turn.
դաս lesson; class; — ընկեր classmate; — տիարակութիւն education.

դատ բանալ to enter an action; — դատապարտել to condemn; — դատաւոր judge.
դար century, age.
դարբին blacksmith.
դարման remedy.
դաւաճան fraudulent, imposter, traitor; — ութիւն treason.
դգալ spoon.
դեղ medicine.
դեղին yellow.
դեղձանիկ canary-bird.
դեղնած pale.
դեռ still, yet; — խօսքը բերանն էր he had scarcely spoken.
դեսպան ambassador; — ախորհուրդ conference.
դերանուն pronoun.
դերասան actor.
դերձակ tailor.
դերձան thread, string.
դեւ devil.
դէմ against; — դիմաց opposite.
դէմք face, visage, countenance.
դժբաղդ unfortunate; — ութիւն misfortune.
դժուար difficult.
դի or դիակ corpse.
դիտարան observatory.
դիտաւորութիւն intention.
դիտել to observe, to look.
դիւցազն hero.
դղեակ castle, fortress.
դնել to put, to place.
դողահար trembling.
դողդոջուն tottering, trembling.
դուռ door, gate.
դուստր daughter.
դուքս duke.
դպիր scribe.
դպչիլ to touch.
դպրատուն school-house.
դպրոց school; — ական scholar; — ակից school-fellow.
դրախտ paradise.
դրամ money.
դրացի neighbour.
դրօշ flag, banner.

Ե.

եզ ox.
եզակի singular.
եզերք bank, coast.
եթէ if; — ոչ else.
ելակ strawberry.
ելլել to get up, to rise.
եկեղեցի church.
եղանակ season; mood; air.
եղբայր brother.
եղբօրաղջիկ niece.
եղբօրորդի nephew.
եղէգ reed.
երազ dream, vision.
երախայ babe, child.
երախտագէտ grateful.
երգ song, hymn; — ել to sing; — իչ singer; — ող singing.
երդիք dormer window.
երեւնալ to appear.
երէկ yesterday.
երէց elder, older.
երթալ to go.
երինջ heifer.
երիտասարդ young man.
երկաթ iron; — ագիր capital (letter).
երկայն long.
երկ(ասիրութիւն) work; toil.
երկինք heaven.
երկիր earth, land, country.
երկիւղ fear; — ած pious.
երկնակամար sky.
երկու two; — քն ալ both.
երկչոտ timid.
երկրաշարժ earthquake.
երշիկ sausage.
երջանիկ happy.
երջանկութիւն happiness.
եփել to cook, to bake.

Զ.

զամբիկ mare.
զայրոյթ anger, wrath.
զանգակ bell; — ատուն belfry.
զարմանալ to be surprised.
զարնել to strike, to shoot.
զաւակ child.
զբաղում occupation, profession, business.

զբօսանք amusement.
զբօսեցուցիչ amusing, entertaining.
զգալ to feel.
զգայազիրկ insensible.
զգեստ dress.
զերդ like, the same as.
զերծել to put out of.
զինուոր soldier.
զմայլիլ to be charmed.
զմելի penknife.
զմրուխտ emerald.
զոհ sacrifice.
զոյգ pair.
զով cool; — արար refreshing.
զուարթ blithesome, gay.
զուարճանալ to amuse (oneself).
զրկել to deprive, to bereave.
զօրահանդէս review.
զօրավար general.
զօրաւոր strong.

Է.

էակ being.
էապէս essentially.
էգ female.
էշ ass.
էջ page.
էրիկ husband.

Ը.

ընդհուպ soon.
ընդմիջել to break off, to interrupt.
ընդունելութիւն participle; reception.
ընդունիլ to receive, to accept.
ընդօրինակել to copy, to transcribe.
ընել to do.
ընթացք course.
ընթրել to sup.
ընթրիք supper.
ընծայ present, gift.
ընկեր companion, mate; — ական social.
ընկղմիլ to be drowned.
ըսել to say; — ուզել to mean.

Թ.

թագ crown; — աւոր king; — ուհի queen.
թաթ hand; paw.
թամբ saddle.
թանկ(ագին) precious, dear.
թանձր dense, thick; dark.
թաշկինակ handkerchief.
թառամիլ to fade.
թառիլ to perch.
թատերախաղ drama.
թատրոն theatre.
թարգմանել to translate.
թարգմանութիւն translation.
թարմ fresh.
թաւ thick, bushy.
թաւալիլ to roll, to revolve.
թափել to pour, to empty.
թափիլ to flow (into).
թեզանիք sleeve.
թեթեւ light.
թել cord, thread.
թելադրել to suggest.
թերութիւն fault, defect.
թզենի fig-tree.
թզուկ pigmy, dwarf.
թէյ tea.
թի shovel; — ակ oar.
թիթեռնիկ butterfly.
թիկնաթոռ arm-chair.
թիւ number.
թլուատել to stammer.
թղթապանակ pocket-book.
թնդանօթ cannon.
թնդացնել to resound.
թշնամի enemy.
թշուառ wreched, miserable.
թոժիւն cub.
թողուլ to leave.
թոյն poison, venom.
թովիչ fascinating.
թուաբանութիւն arithmetic.
թուական date.
թուել to number.
թուզ fig.
թութ mulberry.
թուխ brown.
թուղթ paper.
թունաւորել to poison.
թուր sword.
թռչիլ to fly.

թռչուն bird.
թքաման spittoon.

Ժ.

ժամ hour; — անակ time; — ագործ watchmaker; — ացոյց watch; — անակաւ once.
ժամանակին in time.
ժամանել to arrive.
ժանգոտ rusty.
ժապաւէն ribbon.
ժառանգ heir; — ել to inherit.
ժողով meeting; — ուրդ people, multitude.
ժպիտ smile.
ժպտիլ to smile.
ժրաջան diligent.

Ի.

իղձ wish, desire.
իմաստութիւն wisdom.
իմաստուն wise.
իյնալ to fall.
ինչք property.
ինքնակալ monarch.
իշապան ass-driver.
իշխան prince.
իջնել to descend, to get down.
իսկոյն instantly.
իրիկուն evening.
իրօք indeed.
իցիւ oh that!
իւղ oil.
իւրաքանչիւր each, every.

Լ.

լալ to weep, to cry.
լակոնական laconic.
լայն broad; — ածաւալ vast, spacious.
լաստենի alder.
լեզու language, tongue.
լեռ mount, — ain.
լիճ lake.
լիովին quite, fully.
լմնցնել to finish.
լոգարան bathing-place
լողալ to swim.
լոյս light; ի — ընծայել to publish.
լուալ to wash.
լուացարարուհի washer-woman.
լուսանցիկ transparent.
լուսին moon.
լուանել to shoe.
լուր news; — ղրկել to send word.
լուցկի match.
լռութիւն silence.
լսել to hear.
լրագիր newspaper.
լրբութիւն insolence.

Խ.

խաբել to deceive.
խածնել to bite.
խաղալ to play; — իք toy, plaything.
խաղաղ calm, tranquil; — ութիւն peace.
խաղող grapes.
խայթել to sting.
խանութ shop.
խաչ cross; — կալ desk for a crucifix.
խառն mixed; — ուրդ mixture.
խարազան whip.
խարխափել to grope along.
խարտիշագեղ fair-complexioned.
խաւար darkness.
խափանել to hinder, to stop.
խելացի clever, intelligent.
խելք brain, wit.
խեղճ poor, miserable.
խենդ fool, silly.
խիստ very; hard, harsh, sharp.
խղճմտօրէն conscientiously.
խմել to drink.
խնամք care.
խնդալ to laugh; to rejoice.
խնդուն cheerful, merry, gay.
խնդրանք demand, request.
խնդրել to ask, to beg.
խնդրեմ pray.
խնձոր apple; — ենի — -tree.
խշխշիւն rustling (of the leaves).
խոզ pig; — կաղին acorn.
խոկում reflexion, meditation.
խոհանոց kitchen.
խոհարար cook.
խոհեմ prudent.
խոյ ram.

խոնարհ humble.
խոնարհում conjugation.
խոնաւ damp, humid.
խոնջանք fatigue, weariness.
խոշոր big, stout.
խոստանալ to promise.
խոստովանիլ to confess, to own to.
խոստում promise.
խոտ grass.
խոր, — ունկ deep.
խորան altar, pavilion.
խորդալ to snore.
խորհիլ to think.
խորշիլ to shun, to avoid.
խորոտիկ pretty.
խորտակել to crush, to dash to pieces.
խռնուած crowded.
խռովայոյզ tumultuous, turbulent, agitated.
խռովիլ to be troubled.
խրատ advice; — ել to advice.
խրկել to send.
խրոխտ imperious, proud.
խօսակցութիւն conversation.
խօսիլ to speak, to talk; (աքաղաղը) — to crow.
խօսք word, speech; — ի բռնուիլ to enter into conversation; — ուղղել to address.

Ծ.

ծագիլ to rise; to break out.
ծախել to sell.
ծաղիկ flower.
ծաղկատի young.
ծաղկիլ to flower, to bloom; to flourish.
ծաղկոց flower-garden.
ծաղրել to mock.
ծախք or ծադք expense.
ծանր heavy, severe.
ծանօթ acquaintance; friend.
ծառ tree.
ծարաւ thirst; thirsty.
ծաւալել to expand, to spread.
ծեծել to beat.
ծեր old; — ունի old man.
ծիծաղելի ridiculous, funny.
ծիծեռնակ swallow.
ծնանիլ to beget, to bear (a child).
ծնծղայ cymbal.
ծնողք parents.
ծնրադրել to kneel.
ծնօտ jaw, cheek, chin.
ծոմ(ապահութիւն) fast.
ծոյլ lazy, idle.
ծով sea; — ափ or — եզր sea-coast, shore.
ծուլութիւն laziness.
ծուխ smoke.
ծռիլ to bend.
ծրար parcel, packet.
ծփալ to undulate, to fluctuate.

Կ.

կազմ construction; binding (of books; — ակերպել to form, construct, to fashion; — ել to form; to bind.
կաթ milk.
կաթիլ drop.
կալուած estate.
կախաղան gibbet.
կախել to hang.
կակաչ tulip.
կակուղ soft.
կահաւորել to furnish (a house).
կահկարասի furniture.
կաղ lame.
կաղամար inkstand.
կաղնի oak.
կամար vault, arch.
կամացուկ slowly.
կամուրջ bridge.
կամք will.
կայան station.
կայծակ lightning, thunderbolt.
կայմ mast.
կայսր emperor; — ութիւն empire.
կանաչ green.
կանգ առնել to stop, to halt.
կանգնել to erect, to raise.
կանթեղ lamp.
կանոն rule.
կանուխ early.
կանչել to call.
կապար lead.
կապոյտ blue.
կառապան coachman.
կառավարել to govern.

կառուցանել to build.
կատաղի raging, mad, enraged.
կատարեալ perfect.
կատարելագործել to improve, to perfect.
կատաղած mad.
կատու cat.
կարագ butter.
կարգ class, order; — ի դնել to arrange.
կարդալ to read.
կարել to sew, to stitch, to seam.
կարենալ to be able.
կարծել to think, to presume.
կարկուտ hail.
կարճ short, brief; — եցնել to shorten.
կարմիր red.
կարմրալանջ redbreast.
կարմրիլ to redden.
կարող able, capable.
կարօտ needy, indigent; — ութիւն want, poverty.
կացին axe.
կեանք life.
կեղծաւոր hypocrite.
կեղծուպատիր illusive, false.
կենալ to stay.
կենդանագիր portrait.
կենդանի animal, beast.
կեռաս cherry.
կեսուր mother-in-law.
կերպարանք appearance, face.
կէս՝ half; — գիշեր midnight; — օր noon.
կթել to milk.
կին woman, wife.
կիսաբաց ajar.
կիտուած enamel; dotting.
կիրք passion.
կլիմա climate.
կլոր round.
կծկիլ to couch.
կղզի island.
կմախք skeleton.
կնիկ woman, wife.
կշտանալ to be filled., to be satisfied.
կոթ handle.
կոթող obelisk.
կոհակ billow, wave.
կողմ side, part.
կողոպտել to rob.
կոճակ button.
կոմս count.
կոյս virgin, maiden.
կոչել to call, to name.
կոչում calling.
կոպ eyelid.
կոպիտ rude, rough.
կով cow.
կոտրել to break.
կործանել to destroy.
կորով vigour, power.
կորուստ loss, waste.
կուռ compact, firm, solid.
կուրծք breast, bosom, chest.
կպչիլ to adhere.
կռիւ quarrel, struggle.
կսկիծ sharp pain.
կտաւ linen.
կտոր bit, piece; — կտոր ընել to tear to pieces.
կտուց beak, bill.
կրել to bear, to sustain.
կրկին double, two; again.
կրկնել to repeat.
կրնալ to be able.
կրտսեր younger; — ագոյն youngest.
կօշիկ shoe, boot.
կօշկակար shoemaker.

Հ.

հագնիլ to put on, to wear, to dress.
հազալ to cough.
հազիւ scarcely.
հազուագիւտ rare.
հալածել to persecute.
հալիլ to melt, to thaw.
հակապատկեր constrast.
հաճելի agreeable, pleasant.
հաճիլ to please.
հաճոյք pleasure.
համաձայն in conformity, according to . . ., after.
համառօտ brief; — ութիւն abbreviation, extract.
համար for.
համարձակ free, frank, bold; — իլ to venture, to dare.
համբաւ fame, renown.

համբերութիւն patience.
համբոյր kiss.
համբուրել to kiss.
համոզել to convince.
համրել to count, to number.
Հայ Armenian.
հայելի looking-glass.
հայր father; — իկ papa.
հանգիստ rest, repose.
հանգչիլ to repose, to rest.
հանգստարան resting-place.
հանդարտ quiet, calm, tranquil; — օրէն cooly; — իլ to appease to calm.
հանդիպիլ to meet.
հանճար genius.
հաշտուիլ to be reconciled.
հասակ age, size.
հասկնալ to understand.
հասնիլ to arrive, to reach.
հասուն ripe.
հատոր volume.
հարաւ south; — ային — ern.
հարկ tax; necessity; — ադրել to compel; — աւոր necessary, important.
հարուստ rich, wealthy.
հարս bride.
հարստութիւն wealth, riches.
հարցում question, interrogation.
հաց bread.
հաւ hen; — կիթ egg; — ք fowl.
հաւասար equal.
հաւատալ to believe.
հաւատարիմ true, faithful.
հաւաքուիլ to join together.
հեգնական ironical.
հեգնօրէն jocosely.
հեզ meek.
հեծանիւ bicycle.
հեղինակ author; — ութիւն authority; work.
հեշտալի delightful.
հեռադիտակ telescope.
հեռանալ to go far.
հեռու far, distant.
հետ with; — եւիլ to follow; — եւորդ attendant.
հետաքրքրութիւն curiosity.
հետեւանք consequence.
հետզհետէ successively, by degrees.
հզօր mighty.
հէգ poor, unfortunate.
հիանալ to admire, to marvel.
հիացում admiration.
հիմա now, at present.
հին old, worn; ancient.
հիւանդ sick, patient; — անոց hospital.
հիւսել knit, to weave, to entwine.
հիւսիս, — ային north, — ern.
հիւր guest; — անոց parlour.
հնազանդ obedient; — իլ to obey.
հնարել to invent.
հնարիչ inventor.
հնչել to pronounce; to ring.
հոգի soul; Սուրբ — the Holy Ghost; մէկուն վրայ — տալ to love tenderly.
հոլ top.
հոլանի unveiled, naked.
հոլովում declension.
հոծ compact, dense, thick.
հող soil, earth; — ակոյտ mound.
հոյակապ grand, magnificent; eminent.
հով wind.
հովանաւորութիւն shadow; patronage.
հովանի shade, shadow.
հովանոց umbrella.
հովիտ valley.
հովիւ shepherd.
հորիզոն horizon.
հուժկու robust, strong.
հպատակ subject.
հպարտ proud; — ութիւն pride.
հռչակաւոր renowned, famous.
հսկայ giant.
հրահանգ exercise; — իչ instructive.
հրամայել to command, to order.
հրաման command, order, permission.
հրայրք ardour, fire.
հրաշալի marvelous, wonderful.
հրապարակ market-place, square.
հրատարակել to publish.
հրացան gun.
հրաւիրել to invite.
հրդեհ fire, conflagration.
հրէշ monster.

հօրաքոյր aunt.
հօրեղբայր uncle.
հօրեղբօրորդի } cousin.
հօրեղբօրաղջիկ }

Ձ.

ձախ (ձեռք) left (hand).
ձայն voice, sound.
ձեռնարկ enterprise.
ձեռնոց glove.
ձեռք hand; —ով by…, through.
ձերբակալել to arrest.
ձեւ form; —ակերպել to form; —ացնել to shape, to represent.
ձի horse.
ձիթենի olive-tree.
ձիւն snow; —ել to snow.
ձմեռ winter.
ձուկ fish.

Ղ.

ղամբար lamp.
ղեկ rudder, helm; —ավար steersman, helmsman.

Ճ.

ճագար rabbit.
ճակատ forehead; —ագիր destiny, fate; —ամարտ battle.
ճամբայ way; —ելլել to set out.
ճամբորդ traveller; —ել to travel; —ութիւն journey.
ճանկռտուք scratch.
ճանչնալ to know, to recognize.
ճաշ dinner; —ացուցակ reckoning; —ել to dine.
ճաշակ taste.
ճառ essay, speech.
ճառագայթ ray, beam.
ճար means, way.
ճարտար skilful; —արուեստ artistic; —ապետ architect.
ճեղքել to cleave; to crack.
ճերմակ white; —եղէն linens.
ճզմել to squeeze, to press.
ճիշդ just.
ճիւղ branch.
ճկիկ knocker.
ճնճղուկ sparrow.
ճնշել to press, to subdue.
ճշդել to adjust.
ճշմարիտ true, faithful.
ճշմարտութիւն truth.
ճոխ rich, opulent.
ճրագակալ candlestick.
ճօճանակ pendulum.

Մ.

մազ hair.
մածուն clotted milk.
մահ death; —ուան դատապարտուիլ to suffer death; —կանացու mortal.
մահիճ bed.
մայր mother; —իկ mamma.
մայրամուտք sunset.
մայրաքաղաք capital.
մանեակ necklace.
մանկութիւն childhood.
մանուկ child.
մանչ lad, boy.
մանր, —իկ small, minute.
մաշած worn.
մաս part; —նիկ particle.
մատ finger; —անի ring.
մատեան book.
մատենագրութիւն literature.
մատենադարան bookcase.
մատիտ pencil.
մատնիչ traitor.
մարգարիտ pearl.
մարդ man.
մարը մտնել to set (sun).
մարի bird (hen).
մարմին body.
մաքառիլ to struggle, to fight.
մաքուր clean, neat.
մաքրել to clean.
մաքրութիւն cleanliness, purity.
մելամաղձիկ melancholic.
մելան ink.
մեխակ pink.
մեծ great; —արել to esteem.
մեղաւոր sinner.
մեղմ gentle, mild, soft.
մեղու bee.
մեղք sin.
մեռած dead.
մեռնիլ to die.
մետաղ metal.

մետաքս silk.
մերժել to reject.
մերկ naked, bare.
մերձ near; — *ենալ* to come or to go near.
մեքենայ machine.
մէգ mist, fog.
միակ only.
միամիտ simple, artless, innocent.
միանգամայն at the same time.
միասին together, in company.
միացեալ united.
միգապատ foggy, gloomy.
միջադէպ incident.
միջատ insect.
Միջերկրական (*ծով*) Mediterranean (sea).
միջնորդ broker.
միջոց means.
միս meat, flesh.
միտք mind.
միրգ fruit.
մխուիլ to run into.
մկրատ scissors.
մղուած prompted.
մնալ to remain.
մշակ labourer.
մոլութիւն vice.
մոմ wax, taper; — *ակալ* taper-stand.
մոռնալ to forget.
մուրալ to beg.
մուրացկան } beggar.
մուրացիկ }
մսիլ to be cold.
մտածել to contemplate, to think.
մտացի intelligent.
մտերիմ intimate.
մտնել to enter.
մրափել to nod, to nap.
մրջոտ smooky, sooty.
մրցանակ prize.
մօտ near; — *ալուտ* imminent; — *ենալ* to come or to go near.
մօրաքոյր aunt.
մօրեղբայր uncle.

Յ.

յաղթական conqueror; victorious, triumphal.
յաճախ often, frequently.
յամել to tarry, to loiter.
յայտնել to express, to reveal.
յայտագիր program.
յանկարծ sudden; all at once.
յանցաւոր guilty, faulty.
յաջող successful; — *իլ* to prosper, to succeed.
յաջորդ successor; following.
յառաջանալ to advance, to improve.
յառաջիկայ next.
յառիլ to gaze.
յատակ bottom; pavement; ground.
յարգել to respect.
յարկ story; roof; *ընտանեկան յարկ* home.
յարձակիլ to attack.
յարմար fit, proper.
յաւիտենական eternal.
յիշատակ memory; *ի* — as a memorial, in momory of; — *արձան* monument.
յիշեցնել to remind.
յոգնած weary, fatigued.
յոգնիլ to be fatigued.
յոխորտալ to be proud.
յոյս hope.
յոպոպ hoopoo, pewet.
յուզուիլ to be moved, to be touched.
յուսալ to hope.
յուսալից hopeful.
յուսախաբութիւն despondency, deception.
յուսով in the hope of . . .
յօրինել to fashion, to make.

Ն.

նախ first; firstly — *ադասութիւն* sentence; — *ահայր* forefather.
նախանձ envy, jealousy.
նախատել to offend, to insult.
նախընտրել to prefer.
նախորդ former.
նահանգ state, province.
նամակ letter; — *ատուն* postoffice.
նայիլ to look.
նապաստակ hare.
նարինջ orange.
նաւ ship; — *ակ* boat; — *ահանգիստ* harbour, haven; — *ապետ*

captain; — աստի sailor; — աս-տիք crew.
նեղ narrow.
նետ arrow; — ել to throw.
ներ sister-in-law.
ներբողել to extol.
ներել to forgive, to pardon.
ներկայ present.
ներշնչել to inspire.
ներում pardon.
ներս in, within.
նիւթ matter.
նկանակ loaf.
նկար painting, picture; — ագիր description; character; — ել to paint; — իչ painter.
նման like, alike; — իլ to resemble.
նշանակութիւն meaning.
նշանառու shot.
նշանաւոր noted.
նշմարել to perceive.
նոյն same; — իսկ even.
նոր new; — աձեւութիւն fashion; — ոգել to repair, to mend.
Նորին His or Her.
նուագահանդէս concert.
նուագել to play on a musical instrument.
նուէր gift, present.
նուիրական sacred.
նուշ almond.
նպատակ aim, purpose, end.
նպարավաճառ grocer.
նստիլ to sit down.

Շ.

շաբաթ week; Saturday.
շահ gain; — եկան interesting; — իլ to gain, to win
շաղ evening-dew.
շաղակրատ babbler.
շանթ thunderbolt.
շապիկ shirt.
շառաչ clash, crash.
շատ many, much; — մը a great many.
շատախօս talkative.
շարժել to move.
շարունակ continuous, continually.
շաքար sugar.
շեշտ accent.
շերամ silk-worm.
շերտ slice.
շիկնիլ to blush.
շինել to make.
շիշ bottle.
շլացուցիչ dazzling, flaring.
շկահիւն clash.
շղթայ chain; ան — chainless.
շնորհակալ ըլլալ to thank.
շնորհել to grant.
շոգենաւ steam-boat.
շոգի vapour.
շողալ to twinkle.
շողոքորթ flatterer.
շուկայ market.
շուն dog.
շունչ breath; — առնել to breathe.
շուշան lily.
շուք shadow; pomp; honour.
շրշիւն rustling (of leaves).
շրջագայութիւն walk, roaming.
շրջազգեստ gown, robe, dress.
շրջիլ to wander, to walk.
շքեղ magnificent, fair.

Ո.

ոգի spirit.
ողբ lamentation; — երգ tragedy; elegy.
ողկոյզ cluster, bunch of grapes.
ողն spine, back-bone; — ափայտ keel.
ողջոյն salutation.
ողջունել to salute, to hail.
ոճ style, manner.
ոյժ strength, force.
ոչ no; — ինչ nothing.
ոչխար sheep.
ոռոգել to water.
ոսկեդար the golden age.
ոսկեզօծել to gild.
ոսկի gold.
ոստ limb, branch.
ոստայն web; — անկ weaver.
ոստիկան policeman.
ովկիանոս ocean.
ոտանաւոր rhyme, poem.
ոտնաձայն tramp.
ոտք foot.
որբ orphan.
որդ worm.

որդի son.
որթ calf.
որթ (ատունկ) vine.
որոշել to decide, to fix.
որովայն womb; belly.
որոտալ to thunder.
ո՞րչափ how much?
որս game, prey; — ապահ game-keeper; — որդ hunter.
ուզել to want.
ուղղել to direct, to aim, to correct.
ուղտ camel.
ունայնութիւն vanity.
ունենալ to have.
ունկնդրել to listen, to hear.
ուշ late.
ուռած inflated, swollen.
ուսանող student.
ուսում study; — նարան college.
ուսուցիչ teacher.
ուտել to eat.
ուրագ adze.
ուրախ glad.

Ջ.

չար naughty, evil, bad.
չարչրկել to torture, to torment.
չափազանց exceeding, excessive.
չոր dry; — նալ to wither.
չորքոտանի quadruped.
չքաւոր needy, indigent.
չքմեղացնել to excuse.
չքնաղ admirable, fine, charming.

Պ.

պալատ palace.
պահ watch, time; — մը for a little while.
պահանջել to demand, to require.
պահել to keep, to observe.
պաղատախառն imploringly.
պայթիւն hurt, crash; report (of a gun).
պայիկ guard, page.
պայծառ bright.
պայման condition.
պանդոկ inn; — ապետ inn-keeper.
պանիր cheese.
պաշտել to adore.
պաշտպանել to defend, to protect
պաշտօնեայ minister, officer.
պապ pope; grand-father.
պառաւ old woman.
պառկիլ to lie down.
պատ wall.
պատահիլ to happen.
պատանի youngster.
պատանք shroud.
պատառ slice; — աքաղ fork.
պատասխանել to answer.
պատել to surround.
պատերազմ war; — իլ to fight.
պատիժ punishment; — կրել to suffer.
պատիւ honour.
պատկեր picture.
պատճառ cause, reason; — աբանել to reason.
պատմութիւն history.
պատշաճ proper.
պատշգամ balcony.
պատուանդան foot-stool.
պատուել to honour.
պատուելի (= պատ.) reverend (= Rev.).
պատուհան window.
պատռել to tear.
պատսպարել to shelter.
պատրաստել to prepare.
պար danse; — ահանդէս ball.
պարապիլ to be occupied with.
պարարել to fatten.
պարգեւ offer, gift, prize.
պարզ simple.
պարոն (= Պ.) mister (= Mr.).
պարունակել to contain.
պարսաւել to blame.
պարտականութիւն duty.
պարտէզ garden; մանկա — kindergarten.
պարտիզպան gardener
պարտիմ I must, I owe.
պարտութիւն defeat.
պարտք debt.
պարփակել to encircle, to comprehend.
պերճախօս eloquent.
պիծակ wasp.
պլպուլ nightingale.
պղինձ copper.
պղինձագոյն bronzed, copper-coloured.

պղպեղ pepper.
պղտոր turbid, muddy.
պնակ plate.
պոչ tail.
պորտ navel.
պուպրիկ doll.
պչրանք coquetry.
պսակ crown; wreath, garland.
պտղաբերել to fructify.
պտոյտ walk.
պտուղ fruit.
պտտիլ to walk.
պրծիլ to get rid of.

Ջ.

ջաղացք mill.
ջանալ to try, to endeavour.
ջանասէր diligent, active.
ջերմ fever; warm; hearty.
ջերմեռանդ devout.
ջուր water.
ջրել to water.
ջրհաւ waterfowl.

Ռ.

ռահ way, road; — վիրայ pioneer.
ռամիկ vulgar, popular.

Ս.

սահման frontier, limit; definition.
սանտր comb.
սաստիկ intense, excessive.
սարեակ blackbird.
սարսռագին fearful, terrible.
սափրիչ barber.
սեղան table.
սեմ threshold.
սենեակ room.
սենեկապետ chamberlain.
սեր cream.
սերտել to learn, to study.
սեւ black.
սէր love.
սթափիլ to come to oneself.
սիրական darling, beloved.
սիրաշահիլ to win (by love.)
սիրել to love, to like — ի dear.
սիրերգ lovesong.
սիրուն pretty, lovely.
սիրտ heart.
սխալ mistake, fault.
սկզբնական primitive, original.
սկսիլ to begin.
սնապարծ vain, boastful.
սնդուս taffeta.
սնունդ nurture, nourishment.
սնտուկ box.
սոխակ nightingale.
սոսկալի dreadful, horrible.
սով famine; — ալլուկ hungry, starving.
սովոր էր he used to.
սովորութիւն custom.
սովրիլ to learn.
սուղ dear.
սուր sword; sharp.
սուրբ saint, holy.
սուրճ coffee.
սպաննել to kill, to murder.
սպառնալ to threaten.
սպասաւոր servant.
սպասել to wait, to expect.
սպասուհի maid-servant.
սռնապան greaves.
ստանալ to get.
ստորադաս inferior; — ական subjunctive.
ստուեր shadow.
սրահ drawing-room.
սրամիտ witty.
սրբագրել to correct.
սրբազան sacred, holy.
սրբատեղի sanctuary.
սրիկայ rascal.
սրճատուն coffee-house.
սփոփել to console.
սփռել to spread.
սքանչացում admiration.
սքանչելի excellent; — ք wonder

Վ.

վագր tiger.
վախ fear; — նալ to fear.
վախճան end.
վախցնել to frighten.
վաղեմի ancient, old.
վաղը to-morrow.
վաղուց long since.
վաճառական merchant.
վաճառք wares, goods.

վայելել to enjoy.
վայրագ fierce.
վայրի wild.
վայրկեան minute.
վանդակ cage.
վառեակ chicken.
վառօդ gun-powder.
վատ bad, vile; — ատես weak of sight.
վատնել to waste, to lavish.
վարագոյր curtain.
վարդ rose; — ենի — bush.
վարժ trained, expert.
վարժապետ school-master.
վարժարան school.
վարձ wages, pay; — ատրել to reward.
վարուժան bird (cock).
վարուիլ to treat, to deal with.
վարս hair, tresses; — ավիրայ hair-dresser.
վեհանձն generous.
վեհափառութիւն majesty.
վերադառնալ to return.
Վեր. (= վերապատուելի) Dr. (doctor.
վերարկու coat.
վերյիշում remembrance.
վերցնել to lift.
վերջ end; — ին last; — ինք the latter; — ալոյս twilight; — տալ to give an end.
վերնատուն upper room; woman's gallery in churches.
վէմ stone, rock.
վէրք wound, cut.
վիթխարի colossal, gigantic.
վիժակ water-spout, jet.
վիշտ sorrow, grief.
վիպական romantic.
վիրաբոյժ surgeon.
վիրաւորել to wound.
վճարել to pay.
վճիտ limpid.
վնաս loss; — ակար hurtful.
վշտակրութիւն suffering, grief.
վսեմ sublime; — ախոհ, sublime in thought.
վստահ confiding; sure; — իլ to confide, to trust; — ութիւն confidence, trust.
վտանգ danger.
վրիպիլ to miss, to go aside.
վրձին brush; pencil.

Տ.

տագնապ anxiety; crisis.
տագր brother-in-law.
տաղանդ talent.
տալ sister-in-law.
տալ to give.
տախտակ board; — ամած floor.
տակաւին still, yet.
տանիլ to carry.
տանիք roof.
տանձ pear; — ենի — tree.
տապալել to fell down, to overthrow.
տառապանք affliction, distress.
տարաբաղդ unfortunate.
տարածել to spread, to extend.
տարի year.
տարր element; — ական elementary.
տաք warm, hot.
տգեղ ugly.
տեղ place; — ը instead of; — ի տալ to yield, to give way; — ի ունենալ to take place; — here and there.
տեղեկացնել to inform.
տեղեկութիւն information.
տեսակ sort, kind; species.
տեսարան scene, spectacle.
տեսք sight, look.
տերեւ leaf; — աթափ fall.
տէր sir; lord, owner: — արքայ Sire; — ունական Lord's, dominical.
տիեզերական universal.
տիկին lady, Mrs.
տիւ day, day-time.
տխուր sad.
տխրահնչուն dolorous.
տկար weak, feeble.
տղայ boy, child.
տնկել to plant.
տնօրէն director.
տպագրիչ printer.
տպագրութիւն printing.
տպել to print.

տուն house, home.
տրտում sad, sorry.
տօն feast, festival.

Ր.

րամ flock.
րոպէ moment.

Ց.

ցած low; vile.
ցամաք land, continent; — ային terrestrial.
ցայգ night.
ցանց net, net-work.
ցերեկ day-time.
ցնծալից joyful.
ցնցոտի rags.
ցնցուղ watering-pot.
ցոլք flashes.
ցուլ bull.
ցուպ rod, stick.
ցուրտ cold.
ցրուել to disperse.
ցփսի shawl.
ցօղ dew.

Փ.

փախչիլ to flee, to run away.
փախստական fugitive.
փակչիլ to cleave to.
փայլ lustre, splendour; — իլ to shine; — ուն bright, shining; — ակ lightning; — ատակել to lighten.
փայտ wood.
փառասէր ambitious.
փառք glory.
փարատել to dispel.
փափաք desire.
փեղոյր hat, bonnet.
փեսայ bridegroom.
փետուր feather.
փլչիլ to be pulled down.
փնտռել to ask for, to seek.
փոթորիկ storm.
փոխադարձ mutual.
փոխարէն for, in exchange for.
փոխել to change.
փողոց street.
փոփոխութիւն change, transformation.
փոքր small.
փութաջան diligent.
փունջ bunch, bouquet.
փուշ thorn.
փչել to blow.
փռել to spread.
փսիաթ mat.
փրկութիւն salvation, ramsom.

Ք.

քալել to walk, to step.
քահանայ priest.
քաղաք city, town; — ապետ alderman; — ապետարան Guild-hall; — ավար polite.
քաղցր sweet, delicious; — աբարոյ kind, gentle.
քամի wind.
քանակ ruler.
քաջ brave; — ալերել to encourage.
քար stone.
քարոզ sermon; — ել to preach; — իչ preacher.
քացախ vinegar.
քեռաղջիկ niece.
քեռորդի nephew.
քերականութիւն grammar.
քէն rancour, ill-will.
քթան flax, linen.
քիթ nose.
քնանալ to sleep.
քնքոյշ delicate, tender. pretty.
քոյր sister.
քուն sleep; ան — awake, sleepless.
քսակ purse; — ահատ pick-pocket.
Քրիստոնեայ Christian.
քրմուհի priestess.

Օ.

օգնական assistant.
օգնել to help, to aid.
օգուտ քաղել to profit.

օգտակար useful.
օդ air, weather.
օթեակ box.
օթեւան lodging, dwelling.
օձ snake, serpent; — ***ապտոյտ*** winding, serpentine.
օձիք collar.
օճառ soap.
օտար stranger, foreigner.
օր day; — ***ը*** every day.
օրէնք law.
օրիորդ young lady, Miss.
օրհասական dying, in the pangs of death.
օրհնել to bless.

Ֆ.

ֆիորին florin.
ֆրանսերէն French.

V. Vocabulary.

B. English-Armenian.

(Բառագիրք Անգլիերէն-Հայերէն։)

A.

a, an մը, մըն, մ'։
able կարող, ձեռնհաս։
absurdity անտեղութիւն։
accident պատահար, արկած։
account հաշիւ։
to accuse ամբաստանել, մեղադրել։
to act գործել, վարուիլ։
action գործ. — ողութիւն։
active գործունեայ. ներգործական։
actor դերասան։
adjective ածական։
to admire հիանալ։
to adore պաշտել, երկրպագել։
to advance յառաջանալ, յառաջադիմել. in — կանխիկ։
advice խրատ. խորհուրդ։
to advise խրատել, խորհուրդ տալ։
affair զբաղում, գործ։
afternoon յետինք, յետ միջօրէի։
age հասակ. տարիք. դար։
ago առաջ. long — շատոնց։
agreeable հաճելի։
air օդ. եղանակ. կերպարանք։
alike նոյն, նման։
alive ողջ, կենդանի։
all բոլոր, ամեն. not at — բնաւ. — of a sudden յանկարծ, իսկոյն։
alley ծառուղի, նրբուղի։
almond նուշ. — tree նշենի։
almost գրեթէ։
alone առանձին, միայնակ։
aloud բարձրաձայն։
alphabet այբուբեն։
also ալ, նաեւ։
always միշտ, հանապազ։
ambitious փառասէր։
amusing զբօսեցուցիչ։
ancient վաղեմի, հին։
and եւ, ու։
angel հրեշտակ։
answer պատասխան։
ant մրջիւն։
any քանի մը, քիչ մը, մաս մը։
apartment յարկաբաժին։
apple խնձոր. — -tree — ենի։
to apply դիմել։
apron գոգնոց։
architect ճարտարապետ։
arithmetic թուաբանութիւն։
arm բազուկ. — chair թիկնաթոռ. — s զէնք։
army բանակ։
to arrest ձերբակալել։
to arrive ժամանել, հասնիլ։
art արուեստ. — ist գեղարուեստաւոր։
article յօդ. յօդուած. հատուած։
to ask հարցնել. — charity ողորմութիւն խնդրել։
ass էշ, աւանակ։
assent հաւանութիւն։
to attack յարձակիլ։
aunt հօրաքոյր, մօրաքոյր։
author հեղինակ, մատենագիր։
autumn աշուն։
to await սպասել, մնալ։

B.

back կռնակ. ետեւ։
bad գէշ, չար։

balcony պատշգամ։
ball պարահանդէս. գունտ. գնդակ։
bank գետափ. դրամատուն. — note դրամաթուղթ։
barber սափրիչ։
banner դրօշ։
barren ամուլ։
battle ճակատամարտ, մարտ, պատերազմ։
to be ըլլալ։
bear արջ։
beast գազան։
to beat ծեծել, զարնել։
beautiful գեղեցիկ։
bed անկողին, մահիճ. to go to — պառկիլ. — room ննջասենեակ։
bee մեղու. — hive փեթակ։
beer գարեջուր։
before առջեւ, առաջ։
to beg խնդրել, ուզել. — for մուրալ. — gar մուրացիկ։
to begin սկսիլ. — ner սկսնակ, նորուս։
belfry զանգակատուն։
to believe հաւատալ։
Bible Աստուածաշունչ, Ս. (= սուրբ) Գիրք։
bicycle հեծանիւ։
big խոշոր։
billow կոհակ, ալիք։
bird թռչուն, — of prey գիշակեր —։
birth ծնունդ, ծագում. — place ծննդավայր։
bit կտոր։
bitch քած։
to bite խածնել։
bitter դառն։
black սեւ. — bird սարեակ. — board (սեւ) գրատախտակ։
to blame պարսաւել։
to bless օրհնել։
blithesome զուարթ։
to bloom փթթիլ, ծաղկիլ։
blue կապոյտ։
blunt բութ։
body մարմին։
bonnet փեղոյր։
book գիրք, մատեան. — case գրադարան, մատենադարան. — keeping տոմարակալութիւն. — seller գրավաճառ։
born ծնած. was — ծնաւ։
to borrow փոխ առնել։
bosom ծոց։
both երկուքն ալ։
bottle շիշ, սրուակ։
bower սարփինա։
box սնտուկ. օթեակ։
boy մանչ, տղայ։
branch ճիւղ, ոստ։
brave քաջ, արի. — ry — ութիւն։
to bray զռալ։
bread հաց։
to break կոտրել. — down տապալել։
breakfast նախաճաշ։
breast լանջք, կուրծք։
bride հարս. — groom փեսայ։
bridge կամուրջ։
bright պայծառ։
to bring բերել։
broad լայն։
broom աւել.
brother եղբայր. — in-law աներձագ, տագր։
brow ճակատ։
brown թուխ։
bubble պղպջակ։
to build կառուցանել. շինել։
bull ցուլ. — ock զուարակ։
to burn այրել, վառել։
but բայց. միայն։
butcher մսագործ։
butter կարագ։
butterfly թիթեռնիկ։
to buy գնել։

C.

cage վանդակ։
calf հորթ։
to call կանչել, կոչել։
camel ուղտ։
canary-bird դեղձանիկ։
cannon թնդանօթ։
cap գդակ.
capital մայրաքաղաք. դրամագլուխ. գլխաւոր, էական։
captain նաւապետ. հարիւրապետ։
care հոգ, խնամք. — ful հոգածու, խնամոտ. — less անհոգ։
carpenter հիւս։
castle դղեակ։

cat կատու։
cause պատճառ. դատ.
to cease դադրիլ։
ceiling ձեղուն։
century դար։
certein ստոյգ. — ly ստուգիւ։
chamber սենեակ, խորհրդարան. — lain սենեկապետ.
chain շղթայ. — less ան —։
chair աթոռ։
to change փոխել։
character նկարագիր. տառ.
cheap աժան։
cheek այտ։
cheese պանիր։
cherry կեռաս. — -tree — ենի։
chicken վառեակ։
child մանուկ, տղայ. — hood մանկութիւն։
Christian Քրիստոնեայ. — ity Քրիստոնէութիւն։
church եկեղեցի, ժամ։
city քաղաք։
class դաս, կարգ. — mate դասընկեր։
clear յստակ, վճիտ, որոշ։
clever հնարամիտ, խելացի։
to climb մագլել, շուլլուիլ։
clock (պատի) ժամացոյց. օ' — ժամը։
cloud ամպ։
club ակումբ, [illegible]։
coat վերարկու։
cock աքաղաղ, խոսնակ։
coffee սուրճ. — house սրճարան։
cold ցուրտ, պաղ։
college ուսումնարան։
colour գոյն. — s դրօշ.
to come գալ։
to command հրամայել։
compliment բարեւ։
concert նուագահանդէս։
to conclude աւարտել։
to condemn դատապարտել։
condition վիճակ, կացութիւն, պայման։
confederation դաշնակցութիւն։
conference դեսպանախորհուրդ։
contented գոհ։
to contract պայմանադրել, հաստատել։
to convene գումարուիլ։
to convince համոզել։
cook խոհարար։
cool զով։
corn արմտիք։
corner անկիւն։
corpse դի, դիակ։
to correct ուղղել, սրբագրել։
count կոմս. հաշիւ։
country երկիր։
courier սուրհանդակ։
court արքունիք. — yard բակ։
cousin հօրեղբօրորդի։
cow կով։
cream սեր։
cub թոժիւն, կորիւն։
cup գաւաթ։
to curse անիծել։
curtain վարագոյր։
cymbal ծնծղայ։

D.

daisy մարգարտածաղիկ։
damp խոնաւ։
dance պար. to — — ել։
danger վտանգ։
dark մութ, խաւար. նսեմ աղօտ։
date թուական. արմաւ. — -tree արմաւենի։
daughter դուստր. — in-law հարս։
day օր. — time ցերեկ. to- — այսօր։
dead մեռած։
to deal վարուիլ։
dear սիրելի. սուղ։
death մահ։
debt պարտք։
deep խոր(ունկ)։
to defend պաշտպանել։
delicious համեղ։
to delight զուարճացնել։
desert անապատ, ամայի։
desk գրասեղան։
to despise անարգել, արհամարհել, խորշիլ։
dessert աղանդեր։
to destroy կործանել, ջնջել։
devil դեւ։
devout ջերմեռանդ։
diamond ադամանդ։
dictionary բառարան։
to die մեռնիլ.
difficult դժուար։

diligent ջանասէր, ժրաջան։
dinner ճաշ։
director տնօրէն։
dirty աղտոտ։
disciple աշակերտ։
to discover գտնել։
disgrace նախատինք, ամօթ։
dish աման։
to dispel փարատել։
disposition բնաւորութիւն, տրամադրութիւն։
distant հեռու, հեռաւոր։
doctor բժիշկ. վարդապետ։
doe այծեմնիկ։
dog շուն։
doll պուպրիկ։
door դուռ։
to double կրկն(ապատկ)ել։
dozen երկոտասնեակ։
drama թատերախաղ։
to draw քաշել, գծագրել։
to drink խմել։
duke դուքս։
dull բթամիտ։
duty պարտականութիւն։
to dwell բնակիլ։

E.

each իւրաքանչիւր։
ear ականջ։
early կանուխ։
earth երկիր, հող, գետին. — quake երկրաշարժ։
easy դիւրին։
to eat ուտել։
education դաստիարակութիւն, կրթութիւն։
egg հաւկիթ, ձու։
elder երէց։
eldest երիցագոյն։
eloquent պերճաբան։
emotion սրտայուզութիւն։
emperor կայսր։
empire կայսրութիւն։
enemy թշնամի։
enough բաւ(ական)։
enterprise ձեռնարկ, գործ։
essay ճառ։
estate կալուած։
to esteem մեծարել։
eternal յաւիտենական։
even անգամ։
evening իրիկուն. good — բարի իրիկուն։
every ամեն. — where — ուրեք։
evil չար։
ewe մաքի։
ewer ստոման, իբրիք։
exactly ճշդիւ, անվրէպ։
to examine (հարցա)քննել. փորձել։
example օրինակ։
excellent սքանչելի, ընտիր։
exception բացառութիւն։
exercise հրահանգ, վարժութիւն, պարտականութիւն (դասի), մարմնամարզ։
expert վարժ, փորձագէտ, վարպետ։
to extol ներբողել։
eye աչք. — brow յօնք։

F.

face դէմք, երես։
fair չքնաղ, գեղեցիկ։
faith հաւատք. — ful հաւատարիմ։
fame համբաւ, հռչակ։
famine սով։
famous համբաւեալ։
fashion նորաձեւութիւն, տարազ։
fate բաղդ։
father հայր. — in-law աներ, կես- — րայր։
fatigued յոգնած, խոնջած. to be յոգնիլ։
fault թերութիւն, սխալ։
to fear վախնալ։
feast խնջոյք. տօն։
feather փետուր։
fever ջերմ։
few քիչ. a — քանի մը։
fez ֆէս, գլխարկ։
field դաշտ, արտ։
to find գտնել։
fine չքնաղ, գեղանի։
to finish լմնցնել, լրացնել։
fire կրակ, հուր. to — կրակ ընել։
fireman հրովարտակ։
fish ձուկ. — erman ձկնորս։
fit յարմար. ախտաժամ։
flatterer շողոքորթ։
floor տախտակամած։

to flourish ծաղկիլ։
to flow հոսիլ, թափիլ։
flower ծաղիկ. to — ծաղկիլ. — -garden ծաղկոց։
flute սրինգ։
foot ոտք. — step հետք։
to forbid արգիլել։
forefather նախահայր։
to forget մոռնալ։
fork պատառաքաղ։
form ձեւ, կերպարանք. to — ձեւ տալ, կազմել։
to forsake թողուլ, երեսէ ձգել, լքանել։
fortunate բարեբաղդ։
fortune բաղդ. հարստութիւն։
fount, — ain աղբիւր, ջրակն։
fox աղուէս։
fragrant բուրեղ։
free զերծ, արձակ, ազատ։
to freeze սառիլ։
fresh թարմ, զով։
to frequent յաճախել։
friend բարեկամ. — ship — ութիւն։
to frisk խայտալ, ցատկտել։
fruit պտուղ, արգասիք։
future ապառնի, ապագայ։

G.

gain շահ. to — — իլ։
garden պարտէզ. — er պարտիզպան։
gate մեծ դուռ։
gay զուարթ։
general զօրապետ. ընդհանուր։
gently մեղմ(ով)։
giant հսկայ։
girl աղջիկ։
to give տալ։
glad ուրախ։
glass բաժակ. ապակի։
glorious փառաւոր։
glory փառք։
glove թաթպան, ձեռնոց։
goat այծ. he — նոխազ։
God Աստուած։
goddess դիցուհի.
gold ոսկի։
good բարի, աղէկ. բարիք. a — deal շատ մը, խել մը։

to govern կառավարել. — er կառավարիչ. — ment կառավարութիւն։
gown շրջազգեստ. night — գիշերանոց։
grammar քերականութիւն։
grand մեծ, հոյակապ, — father պապ. — mother հանի։
grape խաղող։
grass խոտ.
grave գերեզման։
great մեծ։
green կանաչ. տհաս համբակ։
grey գորշ։
to grind աղալ։
grocer նպարավաճառ։
ground գետին. — less անհիմն։
to grow աճիլ. ըլլալ։
guilty յանցաւոր, ոճրագործ։
gypsy գնչու։

H.

hail կարկուտ. to — — տեղալ։
hair մազ, հեր, վարսք։
half կէս. — dead կիսամեռ. — made կիսկատար։
hamlet շէն, գիւղակ։
hand ձեռք. — in — միաբան։
handkerchief թաշկինակ։
handle կոթ, երախակալ։
handsome բարեձեւ։
to hang կախել։
to happen պատահիլ։
happy երջանիկ, բարեբաստ։
hard կարծր, պինդ, դժուար, դաժան. — ly հազիւ, դժուարաւ։
to hasten փութալ, աճապարել։
hat փեղոյր, գլխարկ։
to hate ատել։
head գլուխ. — ache գլխացաւ։
to heal բժշկել, բուժել։
to hear լսել։
heart սիրտ։
hearth բուրակ. օճախ։
heaven երկինք։
heavy ծանր։
heifer երինջ։
help օգնութիւն. to — օգնել. help yourself հրամեցէք։
helve կոթ։
hen հաւ։

hero դիւցազն։
high բարձր։
hill բլուր։
to hinder արգիլել, ետ պահել։
history պատմութիւն։
home տուն, ընտանեկան յարկ, հայրենիք։
honour պատիւ. to — պատուել։ — able պատուարժան։
hope յոյս. to — յուսալ. — ful յուսալից. — less անյոյս։
horse ձի։
hospital հիւանդանոց։
hour ժամ։
house տուն։
hue երանգ. երփն, գոյն։
human մարդկային. — ity մարդկութիւն։
humble խոնարհ, ցած։
hungry անօթի։
to hunt որսալ. — er որսորդ։

I.

ice սառ։
idea գաղափար։
idle ծոյլ. անգործ։
ill հիւանդ։
immediately անմիջապէս։
immortal անմահ։
imperial կայսերական։
to improve յառաջանալ։
inhabitant բնակիչ։
ink մելան, թանաք. — stand կաղամար։
innocent անմեղ, միամիտ։
insect միջատ։
instructive հրահանգիչ, կրթիչ, խրատական։
intelligent մտացի, ուշիմ։
intention մտադրութիւն։
interesting շահեկան, հետաքրքրական։
intimate մտերիմ։
to invent հնարել.
invitation հրաւէր։
iron երկաթ։
island կղզի։
ivy բաղեղ։

J.

jewel գոհար, ակն. — er ավաճառ։
joke կատակ. սրախօսութիւն։
journey ճամբորդութիւն.
joy ուրախութիւն, ցնծութիւն։
judge դատաւոր. to — դատել։
just ուղիղ, արդար, ճիշդ. ճշդիւ. — as well ճիշդ այսպէս ալ։
justice արդարութիւն, իրաւունք։

K.

key բանալի։
to kill սպաննել, մորթել։
kind տեսակ. քաղցր (աբարոյ), ազնիւ։
kindergarten մանկապարտէզ։
king թագաւոր. — dom — ութիւն։
to kiss համբուրել, պագնել։
to kneel ծնրադրել։
knife դանակ։
to knit հիւսել։
to knock բաղխել; — er ճկիկ։
to know ճանչնալ, գիտնալ։

L.

labour աշխատանք։
lad մանչ. — ուկ։
lady տիկին, տիրուհի։
lamb գառն(ուկ)։
lame կաղ։
lamp կանթեղ, ղամբար։
language լեզու, բարբառ։
large մեծ, ընդարձակ։
lark արտոյտ։
late ուշ։
to laugh ծիծաղիլ, խնդալ։
law օրէնք։
lazy ծոյլ, պղերգ։
lead կապար։
leader առաջնորդ, ուղեցոյց.
leaf տերեւ, թերթ։
to learn սորվիլ, ուսանիլ։
leather կաշի։
left ձախ։
lesson դաս, համար։
letter նամակ. գիր. տառ։
library գրատուն, մատենադարան։
life կեանք. — less անկենդան։

to lift վեր վերցնել։
light լոյս. թեթեւ. to — en փայլատակել։
to like ախորժիլ, սիրել։
like նման, պէս։
lily շուշան։
limb ոստ, ճիւղ։
linen քթան. — s ճերմակեղէն։
to linger տնտնալ, յապաղիլ, ուշանալ։
lion առիւծ։
literature մատենագրութիւն, գրականութիւն։
little քիչ. փոքր։
to live ապրիլ. բնակիլ։
lively աշխոյժ, պայծառ։
load բեռ, ծանրութիւն։
loaf նկանակ։
lone առանձին, լքեալ, միայնակ։
long երկայն. ընդ երկար։
to look նայիլ. — about for որոնել, փնտռել. — like նմանիլ։
Lord (Տէր) Աստուած. տէր, սեպուհ։
love սէր. to — սիրել. — song սիրերգ. — ly սիրուն։
luggage բեռ, գոյք. կահկարասի։

M.

machine մեքենայ։
mad կատղած։
maid, — en կոյս, օրիորդ։
to make շինել, ընել. — way ճամբայ բանալ։
mamma մայրիկ։
man մարդ։
manner կերպ, եղանակ. — s վարք։
many շատ, բազմաթիւ. how — ? քանի՞։
map աշխարհացոյց։
mare զամբիկ։
market շուկայ։
mast կայմ։
master տէր. վարժապետ. վարպետ. to — իշխել, տիրապետել, քաջ հմուտ ըլլալ։
mate ընկեր։
matter նիւթ, մարմին, իր։
means միջոց, կերպ։
meat միս. կերակուր։
medal շքադրամ։
medicine դեղ։
menagerie գառագեղ։
merchant վաճառական։
metal մետաղ։
mighty հզօր։
milk կաթ. clotted — մածուն. to — կթել։
mill աղօրիք. — er աղօրէպան։
mind միտք, նպատակ, յօժարութիւն. to — անսալ։
minister պաշտօնեայ, նախարար. prime — նախարարապետ։
minute վայրկեան, րոպէ։
mistake սխալ. to — — իլ։
Mister (= Mr.) Պարոն (= Պ.)։
Mistress (= Mrs.) Տիկին։
to mix խառնել, զանգել։
to mock ծաղրել, հեգնել։
money դրամ, ստակ։
month ամիս։
monument յիշատակարան, կոթող։
moon լուսին։
morn, — ing առաւօտ. good — բարի լոյս։
morrow, to — վաղը։
mortal մահկանացու։
mother մայր. — in-law կեսուր, զոքանչ։
motion շարժում։
mountain լեռ։
to mourn ողբալ։
mouth բերան։
to move շարժել, մղել, յուզել։
to mow հնձել, քաղել։
Mr. (= mister) Պ. (= պարոն)։
much շատ. how — որչա՞փ։
multitude ամբոխ, բազմութիւն, ժողովուրդ։

N.

name անուն։
narrow նեղ։
nation ազգ. — ality — այնութիւն։
native բնիկ։
navy նաւատորմ։
near մօտ։
necessary կարեւոր, հարկաւոր։
neck վիզ, պարանոց. — lace մանեակ։
needle ասեղ. — case ասղաման։

neighbour դրացի, դրկից։

nephew եղբօրորդի, քեռորդի։

nest բոյն։

new նոր, թարմ։

next հետեւեալ, հետագայ, կից, քովի, յառաջիկայ։

niece եղբօրաղջիկ, քեռաղջիկ։

night գիշեր. mid — կէս գիշեր. by — գիշերով. good — գիշեր բարի։

Nile Նեղոս։

no ո՛չ. — longer ո՛չ եւս, ա՛լ չ . . . — matter վնաս չունի։

noble ազնիւ, ազնուական, վսեմ։

noise աղմուկ, աղաղակ։

noon կէսօր։

north հիւսիս. — ern — ային։

nose քիթ։

note նշան. ծանօթութիւն. պարտամուրհակ. — d նշանաւոր։

to notice դիտել, տեղեկացնել։

noun անուն, գոյական։

novel վէպ, նորավէպ։

now հիմա, այժմ։

number թիւ. to — թուել։

O.

oak կաղնի։

obedient հնազանդ, հլու։

to obey հնազանդիլ։

object առարկայ. նպատակ։

to offend նախատել։

often յաճախ, շատ անգամ։

old ծեր, հին, տարիքոտ. — en վաղեմի. — man ծերունի։

olive-tree ձիթենի։

open բաց. to — բանալ։

orange նարինջ։

order կարգ(աւորութիւն), պատուէր. աստիճան. to — հրամայել. ապսպրել. in — to համար։

orphan որբ։

other ուրիշ, միւս։

to owe պարտիլ, պարտական ըլլալ։

own անձնական, յատուկ. to — իւրացնել, սեփականել. խոստովանիլ. — er տէր։

ox եզ։

P.

page էջ, երես. մանկլաւիկ։

to paint նկարել, ներկել. — er նկարիչ. — ing նկարչութիւն, ներկարարութիւն. նկար։

pair զոյգ։

palace պալատ, ապարանք։

papa հայրիկ։

paper թուղթ։

parcel ծրար։

pardon ներում, թողութիւն. to — ներել. to ask, beg — ներում խնդրել։

parents ծնողք։

parlour հիւրանոց։

part մաս. — icle — նիկ։

passion կիրք։

patience համբերութիւն։

to pay վճարել, հատուցանել։

peace խաղաղութիւն, հանգիստ։

pear տանձ. — -tree — ենի։

peasant գիւղացի։

pen գրիչ. — cil մատիտ. — holder գրչակալ. — knife զմելի։

pepper պղպեղ։

to perch թառիլ։

perfect կատարեալ։

permission հրաման, թոյլտուութիւն։

person անձ. — age — նաւորութիւն։

physician բժիշկ։

piaster դահեկան, ղ-ր-ո-շ։

picture պատկեր։

piece կտոր։

pig խոզ։

pigeon աղաւնի։

place տեղ, to plain զետեղել։

plain դաշտ. հարթ, պարզ։

plant տունկ. to — տնկել։

play խաղ. to — խաղալ. to — the piano դաշնակ ածել։

to please հաճիլ, հաճեցնել։

pocket գրպան. — book գրպանի (յուշա) տետր։

poet բանաստեղծ, պոէտ։

pole բեւեռ, ձող։

polite քաղաքավար։

poor աղքատ, խեղճ, հէգ։

portrait կենդանագիր, պատկեր։

post տուրհանդակ. դիրք. ձող. — office նամակատուն:
pound քաշ. լիրա:
praise գովեստ. to — գովել.
preacher քարոզիչ:
precious թանկագին:
to prefer նախընտրել:
pretty սիրուն, աղուոր:
price գին, արժէք:
pride հպարտութիւն:
priest քահանայ, քուրմ:
prince իշխան. — ss ուհի:
printer տպագրիչ:
printing տպագրութիւն:
prize մրցանակ. to — գնահատել:
progress յառաջադիմութիւն, զարգացում:
promise խոստում. to — խոստանալ, խօսք տալ:
proverb առած:
prudent խոհեմ:
Psalm Սաղմոս:
to publish հրատարակել:
punctually կէտ առ կէտ, ճշդիւ, ժամապահութեամբ, անվրէպ:
to punish պատժել:
purse քսակ:

Q.

queen թագուհի:
queer այլանդակ:
question հարցում, խնդիր:
quick արագ. — ly փութով, իսկոյն:
quiet հանդարտ, անշարժ:
quince սերկեւիլ:
quite լիովին, բոլորովին:
quiver դողալ, սարսռիլ:

R.

rabbit ճագար:
race տոհմ, սերունդ. արշաւ:
radiant լուսափայլ, պայծառ:
raging կատաղի:
rain անձրեւ. to — անձրեւել. — bow ծիածան:
ram խոյ:
rare հազուադէպ, հազուագիւտ:
ray ճառագայթ:
razor ածելի:
to reach հասնիլ:
to read կարդալ:
to receive ընդունիլ, ստանալ:
red կարմիր. — breast կարմրալանջ. to — den կարմրիլ:
to reject մերժել:
religion կրօնք:
to remain մնալ:
to repair նորոգել:
report տեղեկագիր, պայթիւն:
to resemble նմանիլ:
respect յարգանք. to — յարգել. — fully յարգանօք:
rest հանգիստ. to — հանգստանալ:
return վերադարձ, to — վերադառնալ, վերադարձնել:
reward վարձատրութիւն:
ribbon ժապաւէն:
rich հարուստ, ճոխ:
ridiculous ծիծաղելի:
right ուղիղ, անսխալ, աջ. to be — իրաւունք ունենալ:
ring մատանի, օղ:
ripe հասուն. un — տհաս:
river գետ:
to rob կողոպտել. — ber աւազակ:
roof տանիք:
room սենեակ. տեղ:
rose վարդ. — -bush —ենի:
rule կանոն. to — իշխել:

S.

sad տրտում, տխուր:
saddle թամբ:
sail առագաստ. to — նաւել. առագաստ բանալ. — or նաւաստի, նաւազ:
salt աղ:
salutation բարեւ, ողջոյն. to — բարեւել, ողջունել:
salvation փրկութիւն:
same նոյն:
sanctuary սրբատեղի:
sand աւազ. — y — ուտ:
satisfied գոհ, կշտացած:
sausage երշիկ:
to say ըսել:
school դպրոց. — boy դպրոցական, աշակերտ. — house դպրատուն. — master վարժապետ:

science գիտութիւն։
scissors մկրատ։
sculptor անդրիագործ։
sea ծով։
season եղանակ։
to see տեսնել։
to seek փնտռել, որոնել։
seldom քիչ անգամ, դուն ուրեք։
to sell ծախել, վաճառել։
to send խրկել, յղել· — word լուր տալ։
sentence նախադասութիւն։
to sew կարել։
shame ամօթ, նախատինք։
sharp սուր, կտրուկ։
to shave ածիլել։
shawl ցփաի, շալ։
sheath պատեան։
sheep ոչխար։
shepherd հովիւ։
to shine փայլել։
ship նաւ։
shirt շապիկ։
shoe կօշիկ· — maker կօշկակար։
shop խանութ· — keeper — պան։
short կարճ։
shot նշանառու։
shovel թի։
to shut գոցել, փակել։
sick հիւանդ, — ոտ։
silence լռութիւն։
silk մետաքս· — worm շերամ։
silver արծաթ։
simple պարզ· պարզամիտ։
sin մեղք· — ner մեղաւոր· to — մեղանչել, մեղք գործել։
sincere անկեղծ։
sincerity անկեղծութիւն։
to sing երգել· — er երգիչ, երաժիշտ։
sir տէր, պարոն։
sister քոյր· — in-law տալ· ներ։
to sit (down) նստիլ։
size հասակ, մեծութիւն։
skilful ճարտար, կարող։
sky երկնակամար։
slave գերի։
slice պատառ։
smile ժպիտ· to — ժպտիլ։
snow ձիւն· to — ձիւնել։
soap օճառ։
soft կակուղ, փափուկ։
soldier զինուոր։
some քիչ մը· քանի մը· մաս մը։
son որդի· ուստր։
song երգ· — ster երգիչ։
sorrow վիշտ։
soul հոգի։
south հարաւ· — ern — ային։
sparrow ճնճղուկ։
to speak խօսիլ։
spirit ոգի, հոգի։
spoon դգալ։
spring գարուն· աղբերակն· զսպանակ։
square քառակուսի· հրապարակ։
stable ախոռ, գոմ։
star աստղ։
station կայան։
statue արձան։
statute օրէնք, կանոն։
to stay կենալ։
steam շոգի· — -ship շոգենաւ։
stick գաւազան։
still հանդարտ· լուռ։
stocking գուլպայ։
stone քար։
stork արագիլ։
strawberry ելակ։
street փողոց։
student ուսանող։
studious ուսումնասէր։
study ուսում· to — ուսանիլ· սերտել։
stupid ապուշ։
sublime վսեմ։
to succead յաջողիլ· յաջորդել։
success յաջողութիւն։
to suffer թոյլ տալ· պատիժ կրել։
sugar շաքար։
summer ամառ։
sun արեւ, արեգակ։
to sup ընթրել· — per ընթրիք։
sure վստահ· — ly — աբար։
swallow ծիծեռնակ· to — կուլ տալ, կլլել։
to sweep աւլել։
sweet քաղցր· սիրուն։
sword թուր, սուր։

T.

table սեղան· ցանկ· աղիւսակ· — cloth սփռոց։

tail ագի, պոչ։
tailor դերձակ։
tall բարձր(ահասակ), երկայն(ահասակ)։
tea թէյ։
to teach սորվեցնել, ուսուցանել. — er ուսուցիչ, դասատու։
to thank շնորհակալ ըլլալ։
there հոն։
thing բան։
to think խորհիլ, կարծել։
thirsty ծարաւ. — ի։
thorn փուշ։
throne գահ։
to throw նետել. — down տապալել։
thunder որոտում. to — որոտալ. — storm փոթորիկ, մրրիկ։
time ժամանակ, ատեն. — s անգամ։
tool գործիք։
tooth ակռայ։
top գագաթ, կատար. հոլ։
town քաղաք, աւան։
toy խաղալիք։
to translate թարգմանել։
translation թարգմանութիւն։
to travel ճամբորդել. — ler ճամբորդ, ուղեւոր։
tread քայլել, կոխել։
treasure գանձ։
tree ծառ։
to tremble դողալ, թրթռալ։
true ճշմարիտ, հաւատարիմ։
truth ճշմարտութիւն։
to try ջանալ, փորձել։
tulip կակաչ։
turn դարձ, պտոյտ. in — կարգաւ։
type տիպ. օրինակ։

U.

ugly տգեղ։
umbrella հովանոց։
uncle հօրեղբայր, մօրեղբայր։
*un*happy ապերջանիկ։
to unite միացնել։
use օգուտ, գործածութիւն, շահ. — ful օգտակար, — less անպէտ, անշահ։
usual հասարակ, սովորական. — ly սովորաբար։
to utter ճառել, արտասանել, պատմել։

V.

vain ունայն, սնապարծ։
valiant քաջ(արի)։
vally հովիտ։
veal հորթենի։
velvet թաւիշ։
verb բայ։
very խիստ։
vice մոլութիւն։
village գիւղ։
vine որթ(տատունկ)։
vinegar քացախ։
violent բուռն, սաստիկ, ուժգին։
violet մանուշակ։
virtue առաքինութիւն։
virtuous առաքինի։
visit այցելութիւն. to — այցելել. — or այցելու։
voice ձայն։
volcano հրաբուխ։
volume հատոր։
vow ուխտ, խոստում։
voyage ճամբորդութիւն։

W.

wade ջուրի մէջէ քալել։
to wait սպասել։
walk պտոյտ. ճեմելիք. to — քալել, պտտիլ։
wall պատ, որմ։
want պէտք, կարօտութիւն. to — ուզել, պէտք ունենալ։
war պատերազմ. man of — մարտանաւ։
warm տաք. to — տաքցնել. տաքնալ։
to wash լուալ։
wasp պիծակ։
watch գրպանի ժամացոյց. պահապան, դէտ. to — հսկել. դիտել, պահպանել։
water ջուր. to — ջրել, ոռոգել. — fowl ջրհաւ. — ing-pot ցրնցուղ։
wave ալիք, կոհակ. to — տատանիլ, ծփալ, ծածանիլ։
way ճամբայ. միջոց. կերպ։

weak տկար, անզօր:
wealth հարստութիւն, ճոխութիւն. — y ճոխ, հարուստ, մեծափարթամ:
week շաբաթ, եօթնեակ:
to weep լալ, ողբալ:
well աղէկ, լաւ. ջրհոր:
white ճերմակ, սպիտակ:
whole ամբողջ, բոլոր:
wife կին, կնիկ, կողակից:
wild վայրի, վայրագ, անսաստ:
will կամք. կտակ. — ing յօժար(ակամ). — ingly կամովին:
wind հով. — mill հողմաղաց. fair — նպաստաւոր հով:
window պատուհան, լուսամուտ:
wine գինի:
wlng թեւ, թռիչք:
wisdom իմաստութիւն:
wise իմաստուն. — ly իմաստութեամբ:
to wish ուզել, փափաքիլ, անձկալ:
wit նրբամիտ, սրամիտ. հանճար:
to wither չորնալ:
without առանց:
wolf գայլ:
woman կին, կնիկ.
womb որովայն:
to wonder զարմանալ, հիանալ:
wood փայտ. անտառ. թաւուտ. — pecker փայտփոր:
word բառ, խօսք, լուր:
work գործ, երկասիրութիւն. to — գործել, բանիլ:
world աշխարհ:
worm ճճի, որդ:
worth արժանիք. — y արժանի:
wound վէրք. to — վիրաւորել:
to write գրել:
wrong անիրաւ, սխալ. to be — իրաւունք չունենալ:

Y.

year տարի. — ly տարեկան:
yellow դեղին:
yes այո՛:
yesterday երէկ:
yoke լուծ:
yolk հաւկթի դեղնուց:
young դեռատի. — man երիտասարդ:
younger կրտսեր:
youngest կրտսերագոյն:
youth մանկութիւն, պատանեկութիւն, երիտասարդութիւն:

Z.

zeal նախանձ. եռանդ. — ous — աւոր. — ոտ:
zephyr զեփիւռ, սիւք:
zigzag ծուռումուռ, օձապտոյտ:
zone գօտի, կամար:
zoology կենդանաբանութիւն: